GROWTH PATTERN

플랫폼 성장패턴에 올라타라

GROWTH PATTERN

신병휘 지음

디지털 세상에서
기하급수적 성장을 만드는 비밀

굿인포메이션

달라진 패턴

'플랫폼 비즈니스'는 코로나19를 기점으로 오히려 성장속도가 더욱 빨라졌다. 플랫폼은 이제 IT 분야를 넘어 사회, 경제, 문화, 교육, 의료, 금융 등 우리 삶의 모든 영역에서 강력한 힘을 펼치고 있다. 은행, 카드사, 통신사뿐 아니라 자동차와 같은 제조업들도 앞다투어 '나도 플랫폼 기업이다'라고 외치며 변신을 선언하고 있다. 앞으로 세상은 일시적인 플랫폼 세상이 아니라 일상적인 플랫폼 세상에 살게 될 것이기 때문이다. 모든 기업들은 플랫폼을 흉내내는 것만으로 살아남을 수 없다는 사실을 알게 된 것이다.

이 같은 흐름은 앞으로 더 강해질 것이다. 그러므로 플랫폼의 성장패턴을 알지 못하면 아무리 노력해도 오히려 도태되는 결과를 보게 될 것이다. 이 책을 쓰는 동기가 여기에 있다. 그러므로 이 책의 목표는, 디지털 세계는 어떻게 움직이는지, 그리고 '달라진 패턴'은 무엇이고 어떻게 적용해 나가야 하는지 살펴보는 일이 될 것이다.

이 책은 플랫폼, 더 정확히는 '플랫폼의 성장을 만드는 행동방식'에 대한 책으로 크게 3부로 나누어 구성하였다. 1부에서는 플랫폼 시대의 변화에 대한 내용이다. 플랫폼 혁명의 현장과 빨라지는 변화속도에 대해서 살펴본다. 2부는 이 책의 핵심 주제인 성장을 만드는 행동방식에 대한 것이다. 성장을 만드는 디자인 방법, 폭발성장을 위한 조건, 지속성장을 만들어내기 위한 공통적인 성장패턴과 다양한 국내외 사례들을 살펴볼 것이다. 마지막으로 3부에서는 플랫폼 시대의 시대적 변화, 기술적 변화 속에서 어떤 관점과 태도를 가져야 하는지에 대해 탐구해 볼 예정이다.

한 번의 성공경험으로 연속해서 성공하는 사람은 많지 않을 것이다. 하지만 연속되는 다양한 경험을 통해서 변하지 않은 원칙과 달라지는 환경을 구분하여 앞으로는 조금 더 나아진 상태로 새로운 시도를 하고 싶은 사람들이 있을 것이다.
그리고 그런 바람은 나에게도 간절했고 이 책은 그런 과정의
결과이다. 그동안의 익숙한 경험을 돌아보고 달라진 패턴을
발견하여, 독자들이 이루고자 하는 바에 도움이 되었으면 한
다.

2022년 3월

신병휘

Contents

2부

성장을 만드는 패턴

3부
플랫폼 세상을 위한 준비

1부

플랫폼 지배의 시대

GROWTH
PATTERN

1장
당겨온 미래, 플랫폼

파산 vs 최고의 호황

코로나19로 벌어진 세계적인 경기침체는 플랫폼의 미래 모습을 현재로 가져왔다. 그저 작은 바이러스인 줄 알았던 전염병은 전 세계 사람들을 집밖으로 나오지 못하도록 했다. 학교와 기업과 비행기가 멈췄다. 멈춤의 시간은 일주일에서 6개월로 연장되고 급기야 모든 것이 멈춘, 얼음의 상태가 되었다. 전염병이 언제 끝날지 모른다는 막막함과 공포는 한국의 주식시장을 10년 전 가격으로 되돌려 놓았다.

미국의 경우 코로나19 발생 다음 달 실업자가 2,020만 명으로 늘었고, 백화점과 의류기업을 비롯한 대형 소매 유통점의 파산 신청도 9년 만에 최대치를 기록했으며, 거리에 즐비했던 스타벅스 역시 미국과 캐나다의 매장 대부분을 폐쇄했다. 코로나19 초기 대응에서 뛰어난 모습을 보인 우리나라 역시 상황은 크게 다르지 않다. 당시 온라인 채용포털서비스업체인 인크루트의 조사 결과에 따르면, 국내 기업의 25%가량이 코로나 사태의 여파로 파산을 우려하고 있다고 발표했다.

반면 누가 봐도 위기인 상황에 사상 최고의 호황을 누리는 기업들이 있다. 화상회의 플랫폼 줌(Zoom)은 사용자가 폭주했고, 아마존은 17만 명을 추가 고용한다는 보도기사가 나왔으며, 구글, 페이스북의 주가는 사상 최고를 갱신했다. 국내에서도 쿠팡의 채용공고는 계속해서 올라왔고, 네이버와 카카오는 사상 최고 실적과 주가를 보여주었다. 전 세계 정부는 경제적 타격을 최소화하기 위해 전 국민에게 재난지원금을 지급하는 사이 플랫폼 기업은 업무량이 폭주하는 가운데 사상 최고의 실적으로 직원들에게 특별보너스를 지급했다.

전기와 물 같은
생활필수품으로

현재 세계적인 플랫폼 기업들이 거둬들이는 놀라운 성과는 20여 년 전부터 연구하고 적용해 온 학계와 비즈니스업계의 공동작품이라고 해도 과언이 아니다. 특히 미국에서는 1990

년 이후부터 꾸준히 온라인 네트워크 효과에 관한 연구가 진행되었고, 천천히 실리콘밸리의 기업들에 적용해 나갔다. 그 결과, 100년 만에 온 경제공황 속에서도 아마존, 애플, 구글, 페이스북 같은 플랫폼 기업들은 사상 최대 실적을 내며 그간의 통찰과 꾸준함에 대한 보상을 받고 있다.

　과거를 돌아보며 미래를 생각하는 지금 시점에 한 가지 질문을 해볼 수 있다. 플랫폼 기업의 놀라운 성과는 코로나19의 위기를 정점으로 끝난 것일까? 아마도 그렇지 않을 것이다. 코로나19 이후 지금까지 플랫폼 기업들의 성과를 볼 때 이후에도 끝나지 않고 오히려 가속화될 것이며 전통 기업과의 격차는 더욱 커질 것으로 보인다. 코로나로 부득이하게 사용했던 화상회의, 새벽배송, 재택근무, 온라인쇼핑, 배달음식 등은 플랫폼의 편리함을 사람들에게 충분히 체험하게 해주었기 때문이다. 실리콘밸리의 '뉴 플랫폼' 기업들은 지금 최전성기를 맞이하고 있다. 애플, 마이크로소프트, 아마존, 알파벳 등 4개 회사는 시가총액이 모두 1조 달러를 넘었으며 애플과 마이크로소프트는 2조 달러를 넘어 3조 달러를 향하고 있다. 사람들이 더 많이 참여할수록 가치가 커지는 플랫폼 성장의 원리는 지금 더 견고하게 증명되고 있다. 20년 전 보았던 미국의 논문 속 기하급수적 성장의 그래프는 이제 현실이 되었고 향후 20년 후에도 전성기를 누리고자 변신을 시도하고 있다.

애플은 아이폰이나 아이패드를 판매하는 회사를 넘어 서비스와 콘텐츠를 판매하는 플랫폼 회사가 되었으며, 구글은 인공지능 퍼스트를 넘어 '올 인공지능' 회사가 되었다. 독자 개발한 스마트폰(픽셀6)에 자체 기술로 만든 인공지능 칩을 내장하게 되었다. 아마존은 전자상거래, 아마존웹서비스(AWS) 외에 약품 배달, 의료서비스 등 혁신 플랫폼의 대명사가 되었고, 페이스북은 SNS를 넘어 '메타'로 사명까지 바꾸며 '메타버스' 회사로 변신을 선언했다. 마이크로소프트는 새 운영체제 '윈도우11'을 내놓으며 '개방형 플랫폼'을 선언했다. 모두 2021년에 벌어진 일들이다.

반면 그간 플랫폼 사업을 소홀히 했던 전통 기업들은 지금 플랫폼 기업과 치열한 전쟁을 벌이며 생존의 기로에 서 있다. 백화점과 마트는 커머스 플랫폼에 고객을 빼앗기고 있고, 영화관은 콘텐츠 플랫폼 때문에 매출이 하락한다. 1인 기업부터 전통 기업까지 플랫폼을 고려하지 않고는 마케팅이 불가능하게 되었다. 플랫폼과 경쟁의 측면에서 상관없을 것 같았던 은행은 카카오와 네이버가 경쟁상대가 되었고 플랫폼은 음식배달, 택시, 여행, 중고시장, 보험, 의료, 교육, 부동산 거래 등 우리의 생활에 필요한 다양한 서비스로 영역을 확장하는 중이다. 플랫폼은 이제 전기와 물처럼 디지털 시대에 꼭 필요한 생필품이 된 것이다.

미래를 당겨온 플랫폼들

진짜로 미래의 일들이 플랫폼을 통해서 현재에 일어나고 있을까? 계속 성장하는 플랫폼들을 살펴보면 그 답을 얻을 수 있다. 현재 친구를 사귀는 활동은 오프라인이 아니라 가상공간인 메타버스에서 이루어진다. 게임과 커뮤니티가 조합된 것 같은 모습의 메타버스는 먼 미래의 이야기 같지만 미국의 로블록스나 네이버의 제페토에서는 2억 명이 넘는 사용자들이 아바타를 통해서 커뮤니티를 만들어 다른 사람을 만나는 역할을 하고 있다. 인맥을 쌓기 위해서는 인스타그램을 사용하고, 구인구직을 위해서는 링크드인을 활용하는 것에서 발전한 모습이다.

음식문화는 어떤가? 테이크 아웃으로 포장해 오던 음식을 이제 우버이츠, 배민 라이더스가 문앞까지 배달해 준다. 아마존과 쿠팡은 백화점을 망하게 하고 있는 쇼핑 플랫폼이 되고 있으며 재택근무와 출장을 안 가도 되는 세상을 만들어준 줌은 미래의 화상회의를 현재로 당겨왔다. 학교를 졸업하고 성인이 되면 꼭 하나씩 만들어야 했던 신용카드는 이제 간편결제 플랫폼으로 변하여 현금없는 사회를 가능하게 해준다. 대학병원 진료를 위해서 반나절 이동하고 기다려서 잠시 동안

진료하는 것이 당연했지만, 텔레닥에서는 원격진료를 통해 동일한 의사에게 의료 서비스를 받게 해준다. 국가에 속한 국민이라면 예외없이 사용하고 지불했던 전기요금, 수도요금은 플랫폼 요금으로 변신하여 요금을 징수한다.

이런 변화는 플랫폼에서 점점 더 확대되고 있고 코로나가 종식되더라도 멈추지 않을 것으로 보인다.

현재	당겨온 미래	대표사례
친구 만나기	메타버스	로블록스, 제페토
테이크 아웃	음식배달	우버이츠, 배민라이더스
쇼핑	인터넷쇼핑	아마존, 쿠팡
대면 미팅	화상미팅	줌, 구글 미트
TV	스트리밍	넷플릭스, 유튜브, 티빙
신용카드	간편결제	페이팔, 스퀘어, 카카오페이
병원방문	화상진료	텔레닥, MDLIVE
전기요금, 수도요금	플랫폼 요금	플랫폼 구독요금

2장
20년이 걸리던 일을 2년 만에

오프라인 매장
200개 폐쇄!

2020년 2월, 롯데쇼핑은 실적부진의 돌파구로 오프라인 매장 718개 중 200여 개를 폐점하기로 했다. 8,536억 원에 달하는 당기 순손실을 기록하면서, 창사 이후 처음으로 경영 초점을 구조조정에 맞춘 결정은 2021년에도 이어졌다. 반면, 같은 해 1분기 미국 월마트는 주문폭주를 감당하지 못해 15만 명을 신규 고용했고, 이후 5만 명을 추가로 고용하겠다는 발표도 했다. 코로나19로 인한 전 지구적 경제공황 속에서 어떤 기업은 최악의 구조조정으로 어려움을 겪고 있고, 어떤 기업은 주문 폭주로 대규모 추가고용 계획을 내놓기에 바쁘다.

월마트와 롯데쇼핑의
다른 방식

위기를 맞이한 오프라인 기반의 같은 유통업을 하고 있는 두 기업은 왜 같은 상황에서 다른 결과를 보여주는 것일까? 월마트가 오래전부터 아마존에 대항하기 위해서 온라인 플랫폼을 꾸준히 구축했다는 것만으로는 설명하기 힘들다. 롯데도 수년 전부터 오프라인 강점을 활용하여 온라인을 강화시키는 옴니채널 전략과 온라인 플랫폼 강화에 집중했기 때문이다. 원인을 찾는다면 플랫폼 비즈니스의 적용 여부보다 그것을 이해하고 실행하는 방식에서 찾는 것이 쉬울 것이다.

예를 들어 기술 확보의 경우, 월마트가 별도 기술조직을 내부에 두고 급변하는 기술은 스타트업을 인수하며 빠르게 인재와 기술을 확보하였다면, 롯데의 경우 모든 계열사가 기술 확보는 내부에 두지 못하고 그룹사 모두 공통으로 활용하는 기술 자회사를 활용해야만 했다. 대기업 그룹사 입장에서는 기술을 통합하여 안정적으로 그룹사를 운영하는 방식이었지만 플랫폼 사업을 책임지는 개별 회사의 CEO와 리더 입장에서는 고비용으로 외부회사와 일하는 것과 다름 없었다. 새로운 기술도 여전히 외주용역 회사나 프리랜서를 통해서 해결하다 보니 인력 교체가 빈번하였고 새로운 인력은 기존의 소스코드를 파악하는 데만 적게는 3개월에서 많게는 6개월이 걸리기도 했다. 그만큼 소프트웨어 품질 향상은 경쟁사에 비해서 느려지는 것이 당연한 결과라 할 수 있다.

협업하는 방식도 월마트와 롯데쇼핑은 달랐다. 월마트는 사실상 한 브랜드에서 단일 리더십을 가지고 아마존, 타깃 같은 경쟁자를 대상으로 온라인 업무가 진행되었지만 롯데쇼핑 롯데ON의 경우 계열사로 분리되어 각각 독립 CEO가 있는 롯데백화점, 롯데마트, 세븐일레븐, 롯데슈퍼, 하이마트, 롭스 등의 계열사가 롯데ON이라는 통합 브랜드에 온라인 역량을 집중해야 했다. 그러다 보니 각 계열사의 직면한 이해관계를 조율하는 것만으로도 큰 에너지가 소모되었다. 예를 들어 '롯데ON의 메인페이지에 생수를 특가상품으로 올릴 때 어느 계열사의 생수를 메인 페이지에 올릴 것이냐?' 같은 협업 이슈가 산적해 있었다.

성장의 계산법, 성공의 공식

플랫폼 세상에서 기업은 이전과 같은 속도와 방식으로 성장하지 않는다. 시가총액 10억 달러를 의미하는 유니콘(Unicorn) 기업이 되기까지 전통 기업은 20년이 걸리는 데 비해 구글, 페이스북과 같은 플랫폼 기업은 6~8년으로 3배가량 빨랐다. 이마저도 최근에는 2년도 채 걸리지 않게 단축되었다. 이런 빠른 속도의 성장은 유니콘 기업의 10배 규모의 기업을 일컫는 데카콘(Decacorn) 기업으로 성장할 가능성도 더욱 크게 열어주었다. 실제로 최근 실리콘밸리에서는 유니콘 기업을 넘어 시가총액 100억 달러의 기준을 통과한 데카콘 기업이 속속 등장하고 있다. 자동차 한 대 없이 우버 같은 운송기업이 되고, 방 한 칸 없이 에어비엔비 같이 숙박업을 한다는 것도 놀라운데, 2년도 안 돼 유니콘 기업이 되고 다시 데카콘 기업이 된다니!

한국도 이미 토스, 크래프톤, 위메이크프라이스, 무신사, 쏘카, 야놀자 등의 플랫폼 기업들이 탄생하여 세계적으로도 상위권에 속하는 순위를 보여주고 있다. 미국 시장조사기관 CB 인사이츠(Insights)의 발표자료에 따르면 국가별로는 미국 기업이 388개로 가장 많았고, 중국 기업이 157개로 뒤를 이었으며 한국은 11개로 유니콘 보유순위에서 10위를 기록했다. 또한 유니콘 산업분야별로 보면 전자상거래 공동 6위, 헬스 공동 4위, 핀테크 공동 16위로 이제 한국도 세계적으로도 유니콘 기업을 보유한 국가라고 할 수 있다.

유니콘 배출 세계 5강국 현황

구분	한국	미국	중국	인도	영국	이스라엘
유니콘 보유순위	10위 (11개)	1위 (388개)	2위 (157개)	3위 (36개)	4위 (31개)	5위 (18개)

출처 : CB Insights, 2021년 8월 3일 기준

유니콘 TOP 5 산업별 국가 점유율(%)

유니콘 산업분야 TOP 5		점유국				
		1위	2위	3위	4위	한국
1위	핀테크	미국 (51.0%)	영국 (10.5%)	인도 (7.0%)	중국 (5.6%)	0.7% (공동 16위)
2위	인터넷 소프트웨어·서비스	미국 (73.2%)	중국 (8.7%)	인도 (3.1%)	호주 (3.1%)	無
3위	전자상거래	중국 (35.3%)	미국 (29.4%)	인도 (9.4%)	프랑스 (7.1%)	2.4% (공동 6위)
4위	AI	미국 (45.3%)	중국 (26.6%)	영국 (6.3%)	이스라엘 (6.3%)	無
5위	헬스	미국 (69.1%)	중국 (14.5%)	영국 (3.6%)	이스라엘 (1.8%)	1.8% (공동 4위)

출처 : CB Insights, 2021년 8월 3일 기준

뉴스원픽
플랫폼을 성장시키는 트렌드

지금까지 플랫폼 기업의 실적을 살펴보면 그 막대한 영향력을 입증한다. 주요 플랫폼 기업들의 시가총액을 10년 전과 비교하면 구글, 페이스북은 약 10배, 애플은 약 15배, 아마존은 약 20배가량 성장했다. 그러나 미래에도 이런 성장이 이어질까? 그 답은 플랫폼과 연관된 기술과 산업 트렌드[1]를 살펴봄으로써 얻을 수 있을 것이다.

1. 디지털 광고시장의 성장

첫째, 디지털 광고시장이 꾸준히 성장하는 것이다. 구글이나 페이스북 같은 기업은 광고가 수익모델의 99%이다. 그래서 광고시장의 성장 여부는 플랫폼의 미래를 예측하기 위해 중요한 환경이다.

시장조사업체 스태티스타에 따르면 전 세계 디지털 광고 시장 규모는 2019년 3,356억 달러(383조 8,000억 원)에서

1
더밀크(TheMiilk)의 실리콘밸리 트렌드 보고서 〈실리콘8 대분석〉, 유진투자증권의 보고서 〈NFT, 메가트렌드가 될 것인가〉 참고

2020년 3,782억 달러로 12.7% 커졌다. 오는 2024년에는 6,458억 달러로 성장할 것으로 예상한다. 구글이나 페이스북처럼 광고매출이 대부분인 기업뿐만 아니라 알리바바와 아마존이나 애플도 광고매출을 통해 수익을 창출한다. B2B의 성격이 강한 마이크로소프트도 검색광고 매출이 성장한다. 디지털 광고시장의 성장은 플랫폼의 수익모델을 튼튼하게 해주는 요인이다.

2. 전 산업의 클라우드화

둘째, 클라우드 산업의 성장이다. 기업이 자체 서버를 구축하지 않고, 구독료를 내고 서버를 임대하여 사용하는 흐름으로 바뀌는 중이다. 과거 IT와는 상관없던 전통 기업들도 이런 트렌드에 맞춰 클라우드를 필수적인 인프라로 사용하는 것을 늘리고 있다.

아마존 클라우드 부문인 AWS의 2021년 2분기 매출은 2020년 동기대비 37% 증가했다. 2021년 1분기(32%)보다 매출 증가율이 더 높아졌다. AWS는 클라우드 시장 점유율 40% 이상을 차지하는 1위 사업자다. 2위 마이크로소프트의 클라우드 서비스인 '애저'의 매출 역시 증가추세이다. 구글 클라우드 부문의 매출도 54% 급증했고, 중국 기업인 알리바바와 화웨이도 매출이 성장하며 시장이 커지고 있다.

클라우드 laas 시장점유율(단위 : 백만 달러)

회사	2020년 수익	2020년 시장점유율 (%)	2019년 수익	2019년 시장점유율 (%)	2019~ 2020년 성장률(%)
아마존	26,201	40.8	20,465	44.6	28.7
마이크로 소프트	12,658	19.7	7,950.7	17.4	59.2
알리바바	6,1176	9.5	4,004	8.8	52.8
구글	3,932	6.1	2,367	5.2	66.1
화웨이	2,672	4.2	882	1.9	202.8
기타	12,706	19.8	10,115	22.1	25.6
총 합계	64,286	100.0	45,684	100.0	40.7

출처 : 가트너

3. 대중화되는 전기차

셋째, 테슬라가 시작한 전기차 혁명의 대중화이다. 전기차는 소프트웨어 기술과 접목되면서 자동차를 단순 이동수단이 아니라 모빌리티 플랫폼으로 변신시키고 있다. 테슬라는 2021년 사상 최대 순이익을 달성했다. 자동차 부문 매출 총이익률이 역대 최고치를 기록하는 등 주력사업 분야에서 장기적인 수익의 기반을 마련하며 전기차로 이익분기점이 넘을 수 있다는 것을 증명한 것이다.

기존의 전통적인 자동차 업체들의 전기차 전략도 테슬라의 전략을 뒤따른다. 미국 1위 자동체 업체 GM은 2021년 1월 전기차 및 자율주행차 시대로 전환한다는 비전을 제시했다. 폭스바겐, 포드 등 다른 업체들도 같은 전략을 취하고 있다. 아마존이 투자한 전기차 회사 루시드는 트럭, SUV를 주력으로 하고 있고, 중국 전기차 업체 포톤(FOTON)은 이미 국내 전기차 시장에 공급을 시작하고 있는데 2018년 138대였던 판매량이 2022년에는 총 1,008대가 되면서 그 점유율이 높아지는 중이다. 승용차뿐 아니라 모든 종류의 자동차가 전기차로 미래 방향을 잡으면서 자동차가 모빌리티 플랫폼이 될 기반이 확대되고 있다.

자동차가 플랫폼이 된다는 것은 기존의 플랫폼 기업의 영역 확장을 의미한다. 미국 바이든 대통령은 미국 친환경차 신차 판매비중을 2030년까지 50% 늘리는 행정명령에 서명하며 전기차 대중화에 대한 정부정책을 확인해 주었고, 전국경제인연합회에서 발간하는 글로벌 인사이트 보고서에 따르면 세계 전기차 판매량이 연평균 20% 증가할 것으로 보며 2030년대 후반에는 전기차 판매량이 내연기관차를 추월할 것으로 전망했다.

4. 반도체 수요의 폭발

넷째, 반도체 수요의 폭발이다. 플랫폼 사용량이 급증하면서 애플, 마이크로소프트, 구글, 아마존, 페이스북 같은 플랫폼 기업은 자체적으로 반도체 개발에 집중하게 되었다. 애플은 2020년 말 자체 개발한 고성능 통합칩 M1을 발표하여 시장의 큰 호응을 얻어냈고, 아마존은 데이터센터 관련 반도체 칩을 개발 중이다. 과거 인텔이 기업에게 반도체를 공급하며 시장을 독주했다면 지금은 플랫폼 기업이 반도체를 생산하는 주체가 된 것이다. 플랫폼 기업이 기술을 자체적으로 확보하여 안정적으로 플랫폼을 운영하기 위한 용도 외에 원가를 절감하기 위해 반도체 산업에도 자연스럽게 진출하고 있다. 메타버스(Metaverse, 3차원 가상세계)가 플랫폼 기업의 미래 산업이 되고 있는 것도 반도체 수요의 폭발을 가속화한다. 시장 조사업체 가트너에 따르면 세계 반도체 전체 시장은 2022년 11.5%, 2023년 4.4%, 2024년 10.4 %씩 성장할 것으로 전망했다.

5. 저작권 보호 기술의 발전

다섯째, 저작권 보호 기술의 발전이다. 대표적인 것이 대체 불가능 토큰이다(NFT, Non-Fungible Token). 블록체인에 저장된 고유하면서 상호 교환할 수 없는 대체 불가능 토큰의 발달은 플랫폼에서 디지털 콘텐츠를 생성하는 크리에이터들에게 지식 재산권 보호를 가능하게 해준다. 이것은 저작권이 보호된 상태로 상품을 판매할 수 있도록 해 디지털 창작자들이나 기업이 새로운 수익모델을 만드는 것을 가능하게 한다. 예를 들어, 국내 방탄소년단(BTS)의 소속사 하이브는 NFT 사업에 진출하여 아티스트들을 활용한 한정판 상품을 개발할 방침이다. NFT 기술을 활용하면 디지털로 제작된 한정판 아이돌 카드나 굿즈를 카카오를 통해 선착순으로 판매할 수 있다. 또한 어도비는 포토샵을 사용한 이미지 제작시 저작권을 표시하여 누구나 쉽게 자기 작품의 위변조를 막을 수 있도록 했다. 개인 콘텐츠 창작자들도 이제는 플랫폼 내에서 창착 콘텐츠에 대한 위변조를 방지할 수 있고, 독창적인 콘텐츠가 보호되고 수익으로 연결하는 기반들이 마련되고 있는 것이다.

3장
무엇이 플랫폼 기업의
성장을 만드는가?

기업들이 업종을 불문하고 플랫폼 연구를 멈추지 않는 것은 바로 성장방식 때문이다. 그래서 플랫폼의 성장패턴이 무엇인지 찾는 것이 이 책의 주제가 된다. 플랫폼의 성장패턴을 본격적으로 살펴보기 전에 우선 용어의 혼돈을 막기 위해서 우리가 사용하는 플랫폼과 플랫폼 기업에 대해서 정의해 보고자 한다. 이미 플랫폼은 기업 담당자들뿐만 아니라 모든 사람들이 접하는 일상적인 용어가 되었지만 실제는 정확하게 이해하고 있지는 못한 것도 사실이다. 심지어 플랫폼으로 사업을 시도하는 전통 기업의 담당자들이나 창업가들도 단순한 모바일 앱이나 웹사이트를 만들면서 플랫폼 사업을 한다고

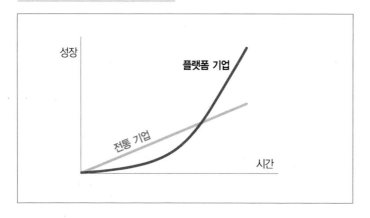

전통 기업과 플랫폼 기업의 성장 비교

이야기하기 때문이다. 따라서 성장패턴에 대한 정확한 이해를 위해 플랫폼을 몇 가지로 정의해 보겠다.

플랫폼이란

첫째, 플랫폼은 '생산자와 소비자를 연결하는 사업모델'이다. 대표적인 플랫폼을 살펴보자. 구글은 검색이라는 기술을 활용하여 정보를 제공하는 자와 정보를 찾는 자를 연결해 주고 검색광고라는 사업모델을 만들었고 모바일 시대가 되면서 개발자와 사용자를 연결하는 구글 플레이 스토어를 제공하고 수수료를 받는 사업모델로 발전했다. 아마존은 유통산업에서 팔고자 하는 사람과 사려는 사람을 플랫폼으로 연결함으로 중개 수수료를 받는 사업모델을 도입했다. 애플은 아이폰에 앱스토어를 만들어서 앱 개발자와 사용자를 연결하는 사업모델을 만들었다. 페이스북은 사람들을 연결하는 아이디어로 시작했지만 이제는 광고를 원하는 기업과 타깃 고객을 연결해 주고 광고비용을 받는 사업모델로 성장했다. 또한 테슬라는 자동차라는 하드웨어를 중심으로 전기 충전소, 자율주행 소프트웨어, 콘텐츠, 보험회사 등의 생산자와 자동차 소비자를 연결하는 사업모델을 만드는 중이다.

둘째, 플랫폼은 디지털 생태계이다. 플랫폼은 플랫폼을 중심으로 상호작용하는 참여자들과 서로 경제적으로 영향을 주고받으면서 사업이 발전한다. 이전의 유통, 제조, 미디어, 자동차 등의 기업들은 제품을 제작하여 소비자에게 공급하는 형태로 성장했다. 하지만 플랫폼 기업은 생산자와 소비자 모두를 고객으로 생각하고 플랫폼에 연계된 소비자와 생산자 모두 플랫폼을 통하여 영향을 주고받으면서 소비활동부터 생산과 유통활동이 이루어진다. 플랫폼은 유기체 같은 생태계이기 때문에 디지털 사회에서도 필요한 요소[2]들이 있다. 따라서 플랫폼은 존재하는 목적과 비전을 중심으로 멤버십, 신뢰,

---

2

informed by the whitepaper '12 Principles of Civilization' originally written by Cynthia Typaldos for the long-since defunct company RealCommunities, Inc.

교환방식, 표현방식과 역사 같은 요소로 구성된다. 핵심적인 요소인 사람(또는 법인)들의 정체성과 평판이 존재하고, 지원하는 도구인 정책, 커뮤니케이션, 그룹, 기술환경과 운영규칙을 갖춘 하나의 디지털 생태계라고 할 수 있다.

셋째, 플랫폼은 네트워크다. 네트워크 관점에서 플랫폼에서의 생산자와 소비자는 하나의 점이며 그 점이 커뮤니케이션, 상거래, 정보교환 등의 목적으로 연결되어 상호작용하면서 네트워크를 구성한다. 생산자와 소비자의 참여가 늘어날수록 네트워크가 가치가 더 커지는 네트워크 효과는 더 많은 참여자를 초대하도록 하면서 플랫폼의 핵심 성장의 원리가 된다. 이런 원리가 제대로 작동하면 플랫폼은 스스로 성장하는 네트워크가 된다. 반대로 플랫폼을 만들었다고 하더라도 참여자들이 연결되지 않거나 자생적으로 성장하는 네트워크적인 모습이 없다면 아직 플랫폼이라고 할 수 없다.

플랫폼과
플랫폼 기업

플랫폼에 대해서 살펴보다 보면 플랫폼과 플랫폼 기업을 동일한 의미로 사용하는 경우도 많다. 두 용어가 큰 혼동을 주지 않기 때문에 같은 의미로 사용해도 무리가 없지만 엄밀히 이야기하면 다르다. 예를 들어 아마존이나 쿠팡을 플랫폼 또는 플랫폼 기업으로 불러도 어색하지 않지만 전통 기업에서 플랫폼 사업을 하는 경우에는 플랫폼과 플랫폼 기업이 동일한 의미는 아니다. 플랫폼(사업도구)을 가지고 있지만 기업의 틀(조직문화)과 비즈니스 모델은 전통 기업인 경우도 있기 때문이다.

플랫폼 기업 = 플랫폼 + 사업모델 + 기업문화

플랫폼 기업과 플랫폼을 구분해서 설명하는 이유는 성장을 위해서는 플랫폼뿐 아니라 그 플랫폼을 운영하는 기업의 문화적인 면도 포함해야 플랫폼이 가져다주는 진정한 성장을 얻을 수 있기 때문이다. 이러한 이유로 플랫폼 기업을 위한 진단과 평가를 하는 부분에서는 플랫폼과 플랫폼 기업을 구분해서 사용하도록 할 것이다.

성장의 단계와
행동지침

플랫폼 기업이 주목받는 이유는 기하급수적인 성장방식 때문이다. 그렇게 때문에 성장하는 패턴을 주목해야 한다. 플랫폼 기업에는 뚜렷한 성장패턴이 존재한다. 2000년 초반의 SNS부터 최근의 메타버스까지 국내외 성장하는 기업들의 사례를 보면 기술과 사회 변화에 따라 응용하는 모습은 조금씩 다르지만 동일한 성장패턴을 보여준다. 지금의 거대한 성장을 만들어낸 행동방식이 플랫폼의 성장패턴이다. 이 행동방식은 사용자, 경쟁, 사회변화, 내부 환경에 따라 단계별로 처음부터 차근차근 순차적으로 적용하기도 하지만 지금처럼 플랫폼이 다양해진 시대에서는 각 행동방식을 순서에 상관없이 독립적으로 적용할 수 있다. 예를 들어, 플랫폼의 목적을 명확하게 찾는 것은 플랫폼 비즈니스를 시작하는 성장 디자인 단계에서 필요한 것이지만, 폭발성장을 경험한 이후 지속성장을 위한 점검항목이기도 하다.

2부에서는 성장을 만드는 패턴에 대해서 좀더 상세히 살펴보도록 하자.

플랫폼의 성장단계와 성장패턴

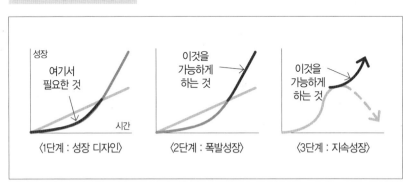

성장
여기서
필요한 것

시간

〈1단계 : 성장 디자인〉

이것을
가능하게
하는 것

〈2단계 : 폭발성장〉

이것을
가능하게
하는 것

〈3단계 : 지속성장〉

성장을 위한 가장 중요한 법칙

일명 '네트워크 효과(Network Effect)'라 불리는 '메칼프의 법칙(Metcalfe's Law)'은 플랫폼 기업의 성장을 위해 가장 중요한 법칙이다. 이는 "네트워크의 가치는 네트워크에 참여하는 구성원 수에 비례하는 것이 아니라 구성원 수의 '제곱'에 비례한다"는 이론이다. 다시 말해 네트워크에 일정수 이상의 사용자가 모이면 그 가치가 기하급수적으로 늘어난다는 것을 뜻한다.

메칼프의 법칙은 네트워크 효과가 네트워크 참여자뿐만 아니라 네트워크를 소유하거나 관리하는 이들을 위해 어떻게 가치를 창출하는지 요약해서 설명해 준다. 법칙에 따르면, 네트워크에 참여하는 사용자 수가 일정 규모 이상인 경우, 사용자 수가 10배가 되면 네트워크의 가치는 100배가 된다. 현재 팩스를 가진 사람이 3명인 경우 1 대 1로 연결 가능한 방법은 3가지가 있는데, 1명이 더 추가되어 4명인 경우에는 6가지가 된다는 얘기다. 즉 n명의 경우 1 대 1로 연결 가능한 방법은 $\frac{n(n-1)}{2}$가지가 된다.

이 법칙의 창시자인 메칼프는 이러한 논리로 네트워크의 가치가 사용자 수의 제곱에 비례하여 증가하는 것을 설명한다. 예를 들어 n이 1,000에서 10,000으로 10배 증가하는 경우 네트워크의 가치는 100배 증가하는 것이다. 페이스북은 이 법칙을 처음부터 이해했다. 페이스북을 중심으로 네트워크가 생기려면 일정 규모 이상의 사람들이 찾아와야 했고, 찾아온 사람들이 떠나지 않아야 계속 성장할 수 있었다. 플랫폼 기업들이 처음에 매출과 전혀 상관없이 사용자에게 혜택을 주며 가입을 유도하는 것은 이 법칙에 따라 향후 기업가치의 상승을 기대하기 때문이다. 사람들이 만날 수 있는 아는 사람이 없다면 왜 페이스북에 방문을 하겠는가? 페이스북은 당장의 매출에 도움이 되지 않는 초기 사용자들을 모아서 서로 만나도록 하는 데 주력했고, 이것은 지금의 매출과 이익을 가능하게 하는 큰 투자활동이었다.

2부

성장을 만드는 패턴

GROWTH
PATTERN

4장
내적 동기를 부여하라

미래학자인 다니엘 핑크(Daniel Pink)는 자신의 저서 〈드라이브〉에서 지식사회에 맞는 새로운 동기부여 방법으로 모티베이션 3.0을 제시했다. 최상의 성과는 더 많은 돈이 아닌, 업무의 자율성과 성장을 희망하는 '내적 동기'로부터 나온다는 주장이다. 실제로 플랫폼 기업에서는 직원들의 열정을 끌어내기 위해 내적 동기를 부여한다. 그리고 내적 동기를 유발하기 위해서 사용하는 것이 공동의 목적이다. 목적에 대한 동기부여가 되지 않으면 직원들은 시키는 일은 진행하지만, 그 이상은 하지 않는 모습을 보이게 된다.

행동하게
만드는 비결

20~30대 직원이 대다수인 한 스타트업에서 대표이사까지 적극적으로 참여하여 빠르게 아이디어를 도출하던 중 프로젝트가 진행되던 3주차에 '목적'에 대한 의문이 제기되었다. 프로젝트의 목표는 '활성화'로 집중되고 있었는데, 그 '활성화'를 왜 해야 하는지 목적이 명확하지 않다는 것이었다. 그 질문 덕분에 관련자뿐 아니라 주변인 모두가 공감할 때까지 2주간 진행을 멈춰야 했다. 시간은 지체되었지만 이의제기 덕분에 잠깐 멈춰 목적을 다시 돌아볼 수 있었고, 충분한 공감대를 형성한 후 다시 진행할 수 있었다.

이는 스타트업이라는 특수성 덕에 대표이사를 포함한 구성원 모두가 참여하고 문제의식에 공감했기 때문에 가능한 일이다. 전통 기업에서도 리더가 독립적인 의사결정을 위임받아 빠르고 유연하게 진행하기도 하지만 대부분의 경우는 아니다. 기업 규모가 크고 디지털 플랫폼에 익숙하지 않을수록 구성원들이 프로젝트의 목적이 불분명하다 느끼더라도 진행을 멈추기가 쉽지 않다. 프로젝트의 진행이 최고경영자의 결정이거나 상급부서의 결정인 경우에는 더욱 그렇다. 핵심 구성원이 제기한 이의가 받아들여지기도 하지만 개개인의 동기부여보다는 당위성 있는 회사의 결정이 중요한 경우가 많다.

프로젝트 실행은 임원이나 대표이사가 하지 않는다. 참여하는 직원들의 능동적이고 적극적인 실행 없이는 프로젝트의 순조로운 진행도 힘들 뿐더러 진행된다 하더라도 그 결과는 불 보듯이 뻔하다. 같은 시간 동안 동일한 업무를 하더라도 어떤 태도로 일하느냐에 따라 결과는 크게 달라질 수 있다. 퇴근 후에 집에 와서까지 프로젝트에 대해 생각하고 좋은 아이디어가 떠오른다면 정말 그 일은 좋고 하고 싶은, 즉 내적 동기가 유발되어서 하는 일이다. 이에 반해 업무시간조차 그 일에 집중할 수 없고 회의감이 든다면 이렇다 할 내적 동기 없이 마지못해 한다고 할 수 있다. 구성원 모두가 공감하는 분명한 목적은 플랫폼의 방향을 찾게 해주고 직원들에게 이를 이루기 위한 내적 동기를 만들어준다. 그래서 그런지 플랫폼 기업들은 선언문을 만들어서 직원들의 적극적인 참여와 행동을 촉구한다.

토스 금융을 쉽고 간편하게

구글 세상의 정보를 조직화한다

TED 전파할 가치가 있는 아이디어

엑스프라이즈 재단 인류를 위한 근본적인 돌파구를 마련한다

싱귤래리티 대학 10억 명의 삶에 긍정적인 영향을 미친다

카카오 'Connecting Everything', 새로운 연결, 더 나은 세상

이와는 다르게 처음에는 개인의 작은 관심사였지만 전체의 목적으로 커져서 선언문이 되기도 한다. 관심사를 공유하는 SNS(소셜 네트워크 서비스) 핀터레스트(Pinterest)는 개인적으로 관심있는 이미지를 포스팅하고 다른 이용자와 공유하는 목적으로 전 세계적으로 5억 명 가까이 사용하는 SNS가 되었다. 핀터레스트의 선언문은 "재미있는 것들을 통해 전 세계 사람들을 이어주는 것"이다. 독서클럽 트레바리도 창업자의 대학 시절 개인적인 독서모임에 대한 관심이 창업으로 연결되었는데 "세상을 더 지적으로, 사람들을 더 친하게"라는 목적에 공감하는 사람들이 참여하며 빠르게 성장하고 있다.

평범한 사람은 직급과 연봉에 움직이지만, 유능한 인재들은 "이 일을 왜 하는가?"에 더 큰 관심이 있다. 특히 밀레니얼 세대[3]는 삶에서 의미와 목적을 중요하게 생각하는 특징을 보인다. 따라서 공동의 목적은 새로운 인재를 채용하거나 기존의 뛰어난 인재를 붙들어두는 데에도 도움이 된다. 높은 직급과 연봉도 중요하지만 이것만으로는 사람의 마음을 온전히 충족할 수 없기 때문이다.

3
밀레니얼 세대(Millennial Generation, Millennials)는 1980년대 초반에서 2000년대 초반 사이에 출생한 세대를 일컫는다. 이들은 높은 대학진학률과 능숙한 IT 활용이 특징이며, 인터넷과 소셜네트워크서비스(SNS)를 즐긴다.

목적이

동기부여가 되려면

전통 기업들의 흔한 목적 중 하나가 매출이나 영업이익, 업계 순위 등 숫자로 표현되는 목표들이다. 지금은 달라졌지만 과거 어떤 기업의 목표는 'Asia Top 10 Company' 'xxxx년까지 매출 100조 원'이었다. 이 목표는 직원들의 명함에 새겨지고, 회사 벽의 액자에도 있었다. 이런 내용들이 가슴을 뛰게 하는가? 열정을 이끌려면 원대한 목적을 우리가 함께 이루어나가고 있다는 자부심과 사명감이 생겨야 한다. 단순한 매출이나 재계순위 목표로 자부심과 사명감을 불러일으키기에는 역부족이다.

숫자로 표현되는 목표들만큼이나 뜨겁지 못한 것이 정체성이 드러나지 않는 평범한 미션 선언문이다. 미국의 정보통신회사 시스코(Cisco)의 기업미션은 "고객과 직원, 투자자, 협력사들에 유례없는 가치와 기회를 창조하여 인터넷의 미래를 만들어간다"이다. 얼핏 그럴듯해 보이지만 시스코라는 이름 대신 아무 인터넷 회사 이름을 들어간다고 해도 어색하지 않다. 싸이월드는 '사이좋은 세상 만들기'라는 목적을 중심으로 고객센터, 서비스 개선의 지침이 되었다. 한 예로 미니홈피 방명록에 주인과 방명록을 쓴 사람만 볼 수 있는 비밀 방명록에 대한 도입 여부를 결정할 때였다. 고객들의 제안에서 시작되었지만 제안한다고 해서 무조건 실행으로 옮기는 것은 아니기 때문에 내부 팀의 판단이 필요했다. 이런 사안을 결정할 때도 기준은 이 기능을 통해 사용자들의 사이가 좋아지는지 혹은 나빠지는지에 대한 고려가 최우선이었다. 결국 비밀방명록은 사이가 좋아지는 데 기여하는 것으로 결정되어 개발되었다. 이와 동일하게 '사이좋은 세상 만들기'는 선물하기 서비스의 필요성, 1촌 세분화 진행, 실명제 유지, 해외 사용자들의 1촌 네트워크 통폐합 여부 등 여러가지 중요한 결정의 근간이 되었다.

'새로운 연결을 통해 더 나은 세상을 만들자'는 카카오의 선언문은 사람과 사람을 연결하는 '카카오톡'에 끝나지 않고 사람과 택시를 연결하는 카카오T로 발전하게 했다. 그리고 카카오T는 택시를 시작으로 바이크, 대리운전사, 기차와 연결하는 새로운 연결을 만들었으며, 이후로도 같은 방향으로 가는 차량을 찾는 사람들을 연결하는 '카카오T 카풀' 같은 서비스로 카카오의 성장을 계속 만드는 중이다.

목적이 동기부여로 이어지려면 우선 목적을 명사형이 아닌 동사형으로 표현하는 것이 좋다. 1등, 100조와 같은 명사형 목적 대신 '사이좋은 세상 만들기' '사람들을 연결하기' '금융을 쉽게'와 같은 동사형 목적이 사람들에게 동기를 부여한다. 동사형 목적에는 단순히 기업 차원의 이익이 아닌 인간의 삶과 세상을 긍정적으로 변화시키려는 강한 의지가 담긴다. 오바마 행정부의 건축자문위원을 지낸 팀하스의 하형록 회장은 "개인들도 장래희망을 말할 때 '의사가 되는 것'이라고 말할 것이 아니라 '많은 생명을 살리는 것'이라고 말하면 현실의 어려움을 극복할 수 있는 중요한 원칙들이 만들어질 것"이라고 조언했다. '의사가 되는 것'은 개인의 미션으로 끝나는 것 같지만 '많은 생명을 살리는 것'은 자신과 다른 사람에게 더 고귀하며 세상을 변화시키는 목적이기 때문이다.

기술보다
목적

동기부여되는 목적은 조직의 내부와 외부 모두에 문화적인 현상을 만든다. 이 자석 같은 끌어당김은 조직 내부에 자발적이고 열정적으로 일하는 문화를 만든다. 플랫폼을 만들기 위해서는 기술도 필요하지만 그것을 가능하게 하는 행동이 무엇인지를 먼저 찾아야 한다.

목적을 만드는 것은 쉬운 일이 아니다. 중요성을 인식하고 여러 책임자들이 모여서 멋진 문구도 골라보고 여러 번 아이디어 회의도 해야겠지만, 그것을 넘어 세상을 보는 통찰력과 애착있게 만들었던 수많은 것을 버리는 용기도 필요하다. 이런 어려운 과정을 거치는 이유는 이것이 플랫폼이 발전해야 할 방향을 정해주며, 내부 직원들과 사용자들의 자발적인 행동으로 이어지도록 하여, 결국은 플랫폼의 성장을 만들어낼 수 있기 때문이다.

선언문 때문에 퇴사하는 직원들

구글의 '악해지지 말자'

기업의 선언문은 인재들이 몰려드는 이유가 되지만 그 반대의 경우도 발생한다. 2018년 구글이 국방 프로젝트 메이븐(Project Maven)에 참여한다는 결정에 직원 수천명이 반대 성명을 회사에 보냈고 그중 일부는 회사를 떠났다. 당시 구글 직원들은 군사 비즈니스에 구글 인공지능 기술을 사용하지 말 것과 전쟁 기술을 만들지 않겠다는 정책을 회사에 요구했다. 이런 행동은 구글의 비공식 모토인 "Don't be evil"과 관련이 있다. 이는 그저 한번 읽고 마는 구절이 아니라, 와이파이 비번이었던 적이 있을 정도로 20년 가까이 구글 회사 문화에 깊이 뿌리 박힌 개념이다. 메이븐 프로젝트는 미국 국방부가 드론으로 수집한 영상자료를 구글 인공지능 이미지 인식기술을 이용해 더욱 선명하게 분석하는 시스템 개발사업이었다. 직원들의 반대로 프로젝트는 중단되었지만 2021년에는 다시 펜타곤과 국방 인공지능 프로젝트 재계약에 도전했다. 이번에도 역시 구글 직원들은 자신들의 노력이 전쟁을 위해 사용되지 않아야 한다며 반발했다. 비록 구글의 사명이 알파벳으로 바뀌면서 "Don't be evil"은 지금 "Do the right thing"으로 대체되었지만 여전히 직원들이 회사를 떠나는 이유가 되고 있다.

세이클럽의 '함께하면 좋은 사람들'

2000년대 전국민의 채팅 서비스였던 세이클럽은 서비스를 표현하는 문장으로 '함께하면 좋은 사람들'을 사용했다. 세이클럽은 웹(Web)채팅에 아바타를 도입하여 10~20대에게 큰 인기를 끌었다. 무료 채팅이 가능할 뿐 아니라, 채팅 중에 아바타를 통해 가상의 나를 표현할 수도 있었는데 이것은 인터넷 공간에서 모르는 사람들과 친해질 수 있는 좋은 수단이 되었다. 하지만 이 채팅 서비스에 선정적인 채팅방이 늘어나면서 채팅에서 만난 사람들이 오프라인에서도 만나 일탈행위를 하는 곳으로 변질되었다. 무분별한 채팅초대와 청소년들의 가출 등 좋지 않은 사건들이 발생했고 그 때문에 수많은 사용자들의 항의전화가 이어졌다. 이런 현상이 지속되자 서비스를 운영하던 직원들 중에는 세이클럽은 '함께하면 좋지 않은 사람들'로 변했다며 회사를 떠나기도 했다. 당시 세이클럽의 직원들 중에는 천재적인 개발자들도 많았고 높은 연봉, 보너스, 스톡옵션을 주던 회사였지만 '함께하면 좋은 사람들'을 만드는 것에는 실패한 것이다.

5장
속도에 집착하라

애자일스럽게

국내 모 그룹에서는 모든 계열사가 모여 최고 수장인 회장까지 모시고 이듬해의 흐름을 진단하고 준비하는 마케팅 포럼을 진행했다. 회사는 앞으로 주목해야 할 키워드로 애자일(agile)을 선정했는데, 이는 소프트웨어 개발방식의 하나로 통용되던 말로 처음부터 끝까지 계획을 수립하고 개발하는 폭포수(Waterfall) 방법론과는 달리 개발과 함께 즉시 피드백을 받아서 유동적으로 개발하는 방식을 말한다. 마케팅 포럼 주제로 삼기엔 의아했으나, 개발 방법론을 넘어 신속하고 재빠르게 일하는 문화적 의미까지 포함하면서 그만큼 뜨거운 이슈임에는 분명했다.

　애자일은 거기서 끝나지 않았다. 다음해 각 계열사의 보고서에는 '애자일스럽게'라는 키워드가 자주 등장했고, 애자일스럽게 개발한 사례들을 소개했다. 그러나 분명한 것은 정작 애자일을 외치는 기업의 조직문화나 일하는 절차는 전혀 애자일스럽지 않았다는 것이다. 개발자는 계열사의 개발용역이었고, 심지어 그 회사에서도 다른 용역회사에 재하청을 주는 구조였다. 업무장소도 보안상의 이유로 분리하여 사전 승인을 받아야 출입할 수 있었으며, CSR(Customer Service Request)의 요구사항도 우선순위를 정해서 한두 달 뒤에나 반영되었다. 결국 포털에서 영입된 인재들은 시대와 거꾸로 가는 프로세스가 싫다며 떠나버렸고, 이후로도 모바일 개발자가 6개월에 한 번씩 바뀌었다. 이는 정말 애자일스럽지 않은 조직문화였다.

애자일은
우리 회사에 적합한가?

이렇듯 가슴을 칠 만한 답답한 사례들은 주변에서 넘쳐난다. 전통 기업들은 애자일을 외치지만 20년 넘게 해왔던 일을 바꿀 수 없을 뿐더러, 수십 년간 성장한 기업의 구조와 사고방식이 애자일이라는 제품개발 프로세스를 수용하지 못한다.

애자일 문화에서는 모두가 스페셜리스트가 아닌 제너럴리스트가 되길 요구하는데 어제까지 개발팀장이었던 사람이 마케팅과 디자인을 다루는 역량을 갖추기란 거의 불가능하다. 또한 전통 기업에서 직책이 높은 직원의 경우 10년 넘게 지시하고 점검하는 일을 담당했는데 갑자기 '동등한 입장으로 구성원들의 이야기를 경청하고 토론해서 새로운 대안을 마련해'라고 하면 될 리가 없다. 애자일이 현장에 적용되기가 쉽지 않은 이유이다. '애자일 방법론'이라 쓰고 '폭포수 방법론'이라 읽는 이러한 현상들을 전통 기업의 많은 부서에서 보게 되는데, 실제로 다음과 같은 현상들이 곳곳에서 자주 목격된다.

1. 일이 시작되는 흐름은 탑다운 방식이다.
2. 결정은 무조건 최상급자가 한다.
3. 숫자에 대해서 연연하지 말라고 하지만 결국 숫자 때문에 연봉이 동결된다.
4. 외부와 연결된 혁신을 안 한다. 외부에서 진행하면 내부 성과로 인정이 안 된다.
5. 프로세스가 고정되어 있고, 바꾸고 싶지만 권한 없는 사람들뿐이다.
6. 조직의 직원수가 대부분 많다. 직원수는 조직의 파워다.

대부분의 전통 기업은 지금껏 폭포수 방식, 즉 순차적으로 차근차근 실수를 줄이며 진행하는 성장의 방식을 경험해 왔다. 요구사항이 명확하고 안정적인 진행이 필요한 일을 주로 해왔기 때문에 딱히 애자일 방식이 필요하지 않았을 수도 있다.

완벽하진 않지만
빠르게

하지만 지금 분명한 것은, 불확실성이 높은 플랫폼 사업에 지금껏 익숙했던 폭포수 방법론을 사용하면 위험이 너무 크다는 점이다. 또한 사내 인트라넷 개발처럼 명확한 요구사항이 있는 프로젝트에 애자일 방법론을 사용한다면 이 또한 적합하지 않다. 따라서 '애자일스럽게'를 프로젝트의 성격, 조직별 성격에 따라서 적용방법을 구분하는 것이 바람직하다.

요구사항의 변경 가능성이 높으면 애자일 방식으로, 어느 정도 확정되어 있는 경우에는 폭포수 방법을 선택하는 것이 일하는 데 적합하다. 실험적인 조직과 기존 체계를 유지하는 조직의 방법론을 다르게 적용하면서, 새롭게 일하는 방법을 조직 안으로 흡수하는 것도 좋은 방법일 것이다. 또는 신규 사업조직과 안정적이고 정확하게 운영되어야 하는 기존 사업 조직의 운영방식을 다르게 적용하면서, 서로 반대된 경험의 리더를 세워서 전환을 시작하는 것도 내부적인 분열 없이 새로운 방식을 흡수하는 시작점이 될 수 있다.

전통 기업뿐만 아니라 카카오 같은 성공한 플랫폼 기업에서도 이를 실행하는 것은 쉽지 않다. 지인들의 인근맛집 추천 서비스 '카카오 플레이스'는 장장 8개월간의 프로젝트 기간을 두고 준비하고 오픈했지만 실패했다. 오픈 이후 1주일 만에 다운로드 수가 200만 건에 달했지만 그 다음주에 5,000건으로 수직 낙하했고 하루 실사용자(Daily Active User)가 5,000건밖에 안 나오자 팀은 해체되었다. 당시 카카오에서 프로젝트에 참여했던 당근마켓의 김용현 대표는 서비스 준비에 너무 많은 시간을 소요했던 것을 큰 원인 중의 하나로 진단했다. 가볍게 시장반응을 보면서 테스트해본 것이 아니라 8개월간 수많은 기능을 개발하며 무겁게 내놓았으며, 사용자 니즈를 확인하기도 전에 대박 날 것이라고 상상했던 것을 패착으로 회상했다.

'카카오 플레이스'의 실패에서 '최대한 빨리 가볍게 내놓아야 한다는 깨달음'을 얻은 후 당근마켓을 창업할 때는 단 2주 만에 개발을 마치고 게시판 하나와 댓글 쓰기, 달랑 두 가지 기능만 갖춘 최소한의 서비스를 출시했다. 그리고 추가적인 기능은 이후 사용자들의 요청을 듣고 기능을 개발했다. 이를테면 회원 아내들의 요청으로 회원가입 방식을 회사 메일 기반에서 휴대폰 번호 기반으로 바꾸었고, 위성위치확인시스템(GPS)으로 동네를 인증하면 이용할 수 있도록 변경했다. 당근마켓은 초창기에 완벽하지는 않지만 빠르게 출시하고 사용자들의 반응을 통해 고치는 방식을 선택한 것이다.

그렇다고 무분별하게 애자일을 찬양하는 것은 아니다. 오히려 전통 기업에서는 기업의 현재 상태나 프로젝트에서의 적합성을 고려해서 적용해야 한다. 전통 기업이 실리콘밸리에서 적용했던 영어이름 쓰기, 수평조직, 자리 칸막이 없애기를 재빨리 실행한다고 해도 일하는 방식이나 속도가 빨라지지 않는다. 그것은 겉으로 보이는 단편적인 현상일 뿐이다.

그렇다면 성공적인 애자일 적용을 위한 방법은 무엇일까? 각기 환경에 맞는 시원한 정답을 위해서는 우선 3가지 사항을 먼저 점검해야 한다. 첫째, 계획을 위해 과도한 시간과 비용을 투입하지 말아야 한다. 불확실한 환경에서는 공들여 세운 계획이 바뀔 가능성이 높기 때문이다. 오랜 시간을 투입한 계획을 바꾸는 것은 심리적, 조직적인 저항감이 높을 수밖에 없다. 둘째, 고객과 접점에 있는 조직과 구성원에게 전적인 권한을 위임해야 한다. 위임되지 않은 권한은 수많은 보고와 보고를 위한 준비를 만들게 되어 민첩하고 효과적인 의사결정을 방해한다. 마지막으로 관련자 모두에게 높은 수준으로 정보를 공유해야 한다. 프로젝트 보드나 업무 메신저는 정보공유를 실시간으로 하도록 해준다. 필터링 없는 정보공유는 문제를 재빨리 파악하여 대응할 수 있도록 해주기도 하며 또한 모두가 새로운 대안을 생각하고 프로젝트 진행 속도를 높여 준다.

기업은 애자일을 시작하지만 겉핥기식 잘못된 적용방식 때문에 실패한다. 그럼에도 변화를 원하는 조직에서는 순차적으로 일하는 방법보다는 완벽하지 않지만 빠르게 실험할 수 있는 방식으로 바꾸어야 한다. 애자일은 완벽하지 않지만, 속도를 높일 수 있는 수단임을 기억해야 할 것이다.

페이스북의 모토 '완벽보다 완성'

BTS의 다큐멘터리 '브링 더 소울'에서 리더 RM은 어떻게 매번 완벽한 공연을 하는지에 대한 대답으로, 공연에 임하는 자세에 대해서 말했다.

"요즘 제가 가장 좋아하는 문구 중 하나가 'Done is better than perfect'에요."

"완료된 게 완벽한 것보다 낫다. 뭐라도 하는 게 네가 생각하는 완벽한 것보다 낫다. 전 이렇게 받아들였어요."

"완벽함이라는 건 사실 없으니까요."

또한 배틀그라운드의 신화를 쓴 크래프톤도 그들의 10년간의 과정을 기술한 책 〈크래프톤 웨이〉에서 속도의 중요성을 다음과 같이 소개한다.

"속도가 완벽함을 이긴다. 변화의 속도는 기존의 데이터 축적량에 비례하여 기하급수적으로 빨라지고 있다. 어제의 완벽한 기술은 오늘의 낡은 것이 될 수 있다. 언제든 그렇게 될 수 있는 상황에서 고객의 선택을 받기 위해서는 시장의 요구를 빠르게 수용하여 해결책을 낼 수 있어야 한다. 급하게 낸 해결책에 문제가 있을 수 있다. 그럴 때는 또 빠르게 수정을 해서 보완판을 내면 된다. 고교야구에서는 특정한 게임에서 노히트 노런을 달성하면 스타가 될 수 있지만, 프로야구에서 전설이 되기 위해서는 주자를 내보내더라도 긴 이닝과 많은 게임을 소화하는 능력이 필요하다."

BTS가 완벽한 무대를 만들 수 있는 이유, 크래프톤이 10년간 도전하여 배틀그라운드 신화를 만든 이면에는 페이스북이 내건 정신인 '완벽보다 완성(Done is better than perfect)'의 정신이 있다. 이 말은 페이스북의 성장은 신속하게 움직였기 때문에 가능하다는 것을 말해준다. 그리고 이 정신은 페이스북을 성장시키는 경영철학 중에 하나가 되었다. 속도에 대해서 말하고 있는 페이스북의 경영철학을 살펴보자.

페이스북의 경영철학 '신속한 움직임'

"신속하게 움직여야 더 많은 것을 만들고 더 빨리 배울 수 있습니다. 그러나 대부분의 회사들이 성장할 때 천천히 움직여서 잃게 되는 기회보다 빨리 움직여서 하게 되는 실수를 두려워해서 너무 속도를 줄이게 됩니다. 우리는 '빨리 움직이고 깨뜨리자'라는 말을 합니다. 만약에 뭔가를 절대 깨뜨리지 않는다면 그것은 충분히 움직이지 않고 있다는 것을 의미하는 것입니다."

페이스북의 '신속한 움직임'은 그간 페이스북을 고성장 하게 만든 비법이었다. 이익을 목적으로 하는 기업의 비밀스러운 비법을 만천하에 공개하는 이유는 무엇일까? 아마도 그 비법이 쓸모 없어졌기 때문이 아니라 알더라도 실행하기 어렵기 때문일 것이다. 국내 전통 기업 임원들의 계약기간은 1~2년이며 매년 재계약 여부를 성과평가를 통해 결정한다. 이러한 환경에서는 불확실한 환경 속에서 빨리 결정하고 실행하고 잘못된 방향을 수정하는 것이 불가능하다. 전통 기업에서 애자일 적용이 어려운 이유 중에 하나일 것이다. 그럼에도 불구하고 페이스북에서 시작된 '완벽보다 완성'은 플랫폼 기업뿐 아니라 BTS나 크래프톤처럼 불확실한 환경에 놓인 엔터테인먼트나 게임 산업에서도 성장을 만드는 중요한 원칙이 되었다.

6장
최소화하여 만들어라

완벽함 대신 속도를 선택했다면 이제는 그 정신 그대로 플랫폼을 만들어보자. 플랫폼을 만드는 일은 같은 목적을 가진 사람들이 팀으로 모이는 것으로 시작한다. 그런데 팀을 구성하고 플랫폼을 만들게 되면 끝나는 것이 아니라 플랫폼을 완성한 그 시점에 다시 새로운 수정이 시작된다. 그래서 이 과정에서는 가장 중요한 것들을 중심으로 최소화하는 것이 필요하다. 플랫폼 구축과 안정화 단계까지의 프로젝트를 진행하다 보면 매번 같은 과정을 반복하게 되지만 매번 그 적용방식은 다르다. 사람, 환경, 예산, 시간, 경쟁, 상급자 등 조직의 상황이 변하기 때문이다. 따라서 완벽하게 만들고자 하는 욕심을 버리고 최소화하여 만들어야 한다.

다음에 소개하는 내용은 여러 플랫폼을 만들었던 과정을 일반화시킨 제작지침이다. 물론 각 단계를 모두 필수적으로 지켜야 하는 것이라기 보다는 만들기 과정에서 실패를 최소화하기 위한 것이며 점검항목이라고 할 수 있다.

첫째, 팀 구성 :
운명공동체를 찾아라

플랫폼의 목적을 정하고 구축방식에 대한 합의가 끝났다면 팀을 이끌어갈 멤버를 구성할 때이다. 이때 멤버는 아이디어를 가진 사람과 실행력이 뛰어난 사람이 함께할 수 있도록 해야 한다. 아이디어가 창출되려면 협력하고, 질문하고, 관찰하고, 관계를 형성하고, 실험하는 능력이 있어야 한다. 그리고 실행력이 뛰어나려면 분석하고, 계획하고, 시행하고, 지속하고, 세부사항을 살피는 능력이 있어야 한다. 만약 팀의 구성원이 아이디어와 실행력 둘 중 하나를 가지고 있다면 다른 하나를 가진 사람을 찾아 함께해야 시너지를 발휘할 수 있다.

팀을 꾸리는 멤버의 성향이 서로 보완적이어야 하는 것 외에도 팀 구성에서 중요한 것은 팀원 모두가 내적 동기를 가진 자발적인 사람이 좋은 결과를 낼 가능성이 높다는 것이다. 상명하달식 지시에 어쩔 수 없는 선택을 한 사람은 퇴근시간이 지나기 무섭게 생각을 멈춘다. 근무시간에 언급된 주제 외에는 관심이 차단되고 자연스럽게 주제에 대한 깊이도 낮아진다. 반면 이 프로젝트를 꼭 하고 싶다는 동기를 가진 사람은 출퇴근 시간에 상관없이 주제에 집중하고 자발적으로 연관된 내용을 탐색하여 알게 된 내용을 공유한다. 좋은 팀은 기업에서 흔히 보게 되는 상하관계가 아니라 같은 목표와 같은 가치를 추구하는 협력 관계가 된다.

둘째, 제품과 시장의
궁합 찾기

플랫폼 기업은 작은 아이디어가 성공의 씨앗이 될 수 있다. 그러나 아이디어는 아이디어일 뿐 실행이 뒤따라야만 현실이 될 수 있고, 성공으로도 연결시킬 수 있다. 그 실행이 때론 반복적이고 소모적이게 여겨질 수도 있으나, 아이디어가 실행으로 이어진다면 플랫폼 기업의 아이디어는 현 상태를 개선할 수 있다. 물론 아이디어가 현실로 이어지기까지는 수많은 검증과 테스트가 필요하다. 이는 아이디어가 큰 영향력을 발휘할 수 있을지, 성장의 기회가 될 수 있을지를 점검하는 방법으로 제품과 시장의 궁합(Product-Market Fit)을 찾는 과정이기도 하다. 이 개념을 말한 앤드리슨은 제품과 시장의 궁합이란 좋은 시장을 만족시킬 수 있는 제품이 그 시장에 존재하는 것이라고 했다. 아무리 좋은 아이디어라도 일부 사람만 활용한다든지, 1년에 한두 번 활용하는 정도이면 사업성이 좋다고 할 수 없다. 관심사 SNS 핀터레스트(Pinterest)의 시작은 모바일 상거래 앱 토트(tote)였다. 그러나 사용자들이 구매는 하지 않고 사고 싶은 물건들을 앱에 잔뜩 쌓아두기만 하는 것을 보고 '아이디어를 발견하고 공유하는 사이트'로 방향을 바꾸었고 '소중한 컬렉션을 전시한다'라는 컨셉으로 현재의 서비스로 발전했다. 성공은 이렇듯 아이디어를 내고 그것의 시장성을 검증하는 과정에서 나온다.

셋째,
비즈니스 진단을 위한 9가지

제품과 시장의 궁합 찾기를 통해 아이디어를 찾았다면, 이제 아이디어를 비즈니스로 만들어야 한다. 이 단계에서 유용한 오스터발더(Alexander Osterwalder)의 비즈니스 모델 캔버스가 단시간 안에 모든 것을 점검하도록 해준다. 핵심파트너, 핵심활동, 핵심자원, 가치제안 등 비즈니스 모델 캔버스를 구성하는 9가지 요소들의 항목을 구체화하면서 비즈니스 모델을 생각해 보는 것이다. 각 항목들을 채워넣는 워크숍을 진행하거나 현재의 상태를 9가지 요소들로 나누어 진단하고 이를 위한 개선방안을 도출하는 것도 활용방법이다. 이때 지나치게 깊이 항목에 대해 생각하여 산출물을 만드는 것보다는 직관적이고 간단하게 항목을 기입한 후 그것을 기초로 서로의 생각을 토론하는 방법이 더 유용하다.

〈비즈니스 모델 캔버스의 9가지 항목〉

1. 고객(고객 세그먼트)
목표로 하는 고객을 구체적으로 규정한다.
누가 내가 만든 플랫폼을 사용할 것인지 적는다.

2. 가치제안
위에서 고객으로 정의한 고객이 필요한 것을 정의한다.
고객에게 가치를 제공하는 것이라고 할 수 있다.

3. 채널
어떻게 효율적으로 전달할 것인지에 대한 것이다.
고객과의 접점을 어떻게 설계할 것인지에 대해서 준비한다.

4. 고객관계
신규 고객을 확보하는 방안이다.
또한 확보한 고객관계를 어떻게 유지해 나갈 것인가에 대한 방안이다.

5. 핵심 비즈니스 자원
최소한의 중요한 핵심 비즈니스 자원을 확보하는 방안이다.
물적, 지적, 인적, 재무적, 데이터 자원 등 어떤 자원을 확보할 것인지에 대한 것이다.

6. 핵심 비즈니스 활동
지속적인 유지와 발전을 위해 필요한 활동이다.
특별히 수익원을 유지하기 위한 활동에 대한 것을 의미한다.

7. 핵심 파트너

비즈니스 모델을 유지시켜 줄 협력자를 의미한다.

공동의 목적을 통하여 사업을 함께하는 파트너 그룹을 의미한다.

8. 수익원

고객에게 가치제안으로 창출하는 수익의 원천에 대한 것이다.

판매, 수수료, 이용료, 광고 등 다양한 형태의 수익원에 대한 것이다.

9. 비용(비용구조)

사업을 운영하기 위해 필요한 모든 비용을 말한다.

고객 창출부터 핵심 파트너십 유지를 위한 비용까지 해당한다.

넷째,

비즈니스 모델 찾기

플랫폼 사업을 통해 혁신을 이루고자 한다면 새로운 비즈니스 모델이 필요하다. 3D로보틱스 최고경영자인 크리스 앤더슨(Chris Anderson)은 '파괴적 혁신은 제품의 비용을 낮춘다'고 설명했다. 머지않아 정보기반의 비즈니스 모델은 공짜로 제공될 것이라던 그의 예측은 지금 현실이 되었다. 검색 서비스나 메신저 서비스가 그렇고, 게임이나 디지털 콘텐츠에서 인기있는 부분 유료화도 그런 사례 중의 하나이다. 아래는 서비스가 공짜일 때 비즈니스 모델을 만드는 방법[4]이다.

1. 즉시성

가장 먼저 알거나 가장 먼저 경험한 사람이 되는 것은 그 자체로 문화적, 사회적, 상업적인 가치를 지닌다. 시의성은 특혜이다.

2. 맞춤화

나만을 위해 맞춤화된 것에 대해 느끼는 가치

3. 설명

제품을 더 빨리 배우게 해주는 서비스에서 느끼는 가치

4. 권위

진짜라는 안전함에 대한 가치. 신뢰할 수 있는 보증서가 있는 제품은 추가적 가치가 존재한다.

5. 접근성

무엇인가 정리해 주고 빨리 찾아주는 서비스가 있다면 가치가 있다.

6. 구현

공짜 소프트웨어가 물리적 포맷으로 제공되면 사람들은 기꺼이 돈을 낸다.

7. 후원

관객은 창작자에게 대가를 주고 싶어한다. 팬은 아티스트나 작가 등 창작자에게 감사의 마음을 느끼며 보상하고 싶어한다.

8. 검색성

잠재적 이용자가 창작자를 쉽게 찾을 수 있도록 창작자에게 가치를 제공한다.

4
잡지 〈와이어드〉의 수석편집장인 케빈 켈리(Kevin Kelly)가 제안

위의 즉시성, 맞춤화, 설명, 권위, 접근성, 구현, 후원, 검색성의 8가지 접근방법은 부분 유료화 모델로 바뀌고 있는 세상에서 새로운 비즈니스 모델을 만들 때 유용하게 활용할 수 있는 것들이다. 이후 다루게 될 '구독(Subscribe)'역시 이미 포화된 플랫폼 비즈니스에서 유료화로 접근하는 좋은 예이다.

다섯째, 최소기능 마케팅

(MVM : Minimum Viable Marketing)

최소기능제품은 비즈니스를 위해서 생각하는 아이디어와 사업모델을 집약적으로 표현해 주는 결과물이다. MVP(Minimum Viable Product) 또는 프로토타입(Prototype)이라고도 하는 최소기능제품이 시장에 출시해 이용자의 반응을 살펴볼 수 있는 가장 간단한 방법이었다.

오늘날 유튜브와 페이스북은 인기있는 사이트이지만 초기 모습은 버튼의 정렬도 맞지 않고 미완성된 디자인 작업물처럼 로고의 모양이나 화면 배치도 불균형스러운 모습으로 너무나 초라하다. 하지만 사업 초기에 고객의 반응을 확인하고 검증하는 것이 목적이라면 초라한 외관은 문제될 것이 없다. 사업 초기에 출시하는 최소기능제품은 멋진 모습보다는 그 제품이 어떻게 작동하는지, 어떻게 사용자와 커뮤니케이션

하는지를 살펴보는 것을 목적으로 MVP로 제작한다. 하지만 최근에는 MVP보다 더 빠르고 간단한 방법인 MVM(Minimum Viable Marketing)을 통해 사용자와 커뮤니케이션 함으로써 수 개월의 시간과 수천만 원의 비용을 절약하기도 한다.

MVM은 MVP보다 이전 단계에서 플랫폼에서 검증하고 싶었던 내용을 페이스북이나 유튜브처럼 고객을 타깃팅 할 수 있고 세분화된 광고를 할 수 있는 플랫폼에 페이지를 만들어 검증하는 방식이다. 국내의 한 예비창업 스타트업은 오디오 커뮤니티인 클럽하우스(Clubhouse)에 커뮤니티를 개설한 후 소액광고와 입소문을 통해 사용자를 모으고 정기적인 모임을 개최한다. 이 모임을 통해 2천 명이 넘는 사용자를 확보하고 유료 콘텐츠 판매 가능여부를 테스트하고 있지만 이를 위한 투자는 소액의 광고비용과 참여한 사용자들의 추천이 전부였다. 이 방식은 1줄의 프로그램 없이 단지 수십만 원의 마케팅 비용을 시작으로 원하는 것을 검증할 수 있는 장점이 있다. 따라서 기업의 규모와 팀의 상황에 맞게 적합한 방법을 선택하여 적용해 보면 좋을 것이다.

여섯째, 가장 중요한
2가지 질문

플랫폼 기업을 만들어가는 과정에서 중요하게 고민해야 하는 것들은 반복적으로 질문하면서 점검하는 시간을 가져야 한다. 쏟아지는 고객센터의 민원부터 갑작스러운 오류를 고쳐야 하는 사건까지 매일매일의 운영이슈는 정말 중요한 질문을 잊게 만들기에 충분하다. 시간은 정하기 나름이다. 그렇다면 정해진 시간에 어떤 질문을 하면 좋을까? 팀에서 질문을 정하기 전에 플랫폼 기업을 조언할 때 중점적으로 하는 질문들을 살펴보자. 점검을 위한 질문은 아래와 같다.

1. 우리의 고객은 누구인가?
2. 우리는 고객의 어떤 문제를 해결하는가?
3. 우리의 해결책은 무엇인가? 그 해결책은 현 상태를 얼마만큼 개선하는가?
4. 제품이나 서비스를 어떻게 출시할 것인가?
5. 제품이나 서비스를 어떻게 팔고 있는가?
6. 고객추천지수를 높여 고객을 어떻게 지지자로 전환할 것인가?
7. 고객층을 어떻게 확장할 것인가?
8. 한계비용을 어떻게 '0'에 가깝게 낮출 것인가?

이 질문 중에서 플랫폼 기업이 가장 중요하게 생각해야 할 2가지가 있다. '고객추천지수를 높여 고객을 어떻게 지지자로 전환할 것인가?'와 '한계비용을 어떻게 0에 가깝게 낮출 것인가?'이다. 이 질문이 필요한지 그렇지 않은지에 따라 일반기업과 플랫폼 기업을 구분할 정도이다.

뉴스원픽
인터넷 카페에서 시작한 플랫폼들

지금은 유명해진 무신사, 중고나라, 야놀자의 시작
은 인터넷 카페였다. 인터넷 카페는 시작하는 데 비용이 들지
않으며, 상상하던 아이디어에 대한 사용자들의 반응을 테스
트해 볼 수 있는 좋은 실험 수단이다.

무신사

무신사(MUSINSA)는 2021년 현재 약 2조 5,000억 원대 기
업가치로 인정받은 패션 플랫폼 기업으로 입점한 브랜드 파
트너의 숫자가 6,500개를 넘는다. 무신사는 '무지하게 신발
사진이 많은 곳'이라는 프리챌의 신발 동호회에서 시작했다.
프리챌은 2011년 파산하여 지금은 볼 수 없지만 당시 다음
카페와 경쟁하던 최고의 커뮤니티 사이트였다. 프리챌의 무
신사 커뮤니티는 스니커즈 마니아들에게 최신 패션 동향과
관련 정보를 획득할 수 있는 곳이었다. 사용자들은 나이키, 아
디다스 등 유명 브랜드 한정판 운동화 사진과 국내 거리의 패
션, 문화 스타일 등을 공유했다. 현재 무신사의 성공은 커뮤니
티를 통한 팬덤 덕분이라는 평가를 받는다. 프리챌에서 작게,
무료로 시작한 당시의 커뮤니티 경험이 지금 경쟁력의 원천

이라고 할 수 있다.

중고나라

국내 최대의 중고마켓 '중고나라'는 2003년 네이버 카페 '중고나라'에서 출발했다. 카페는 포털 사용자가 쉽게 가입할 수 있기 때문에 회원수가 늘었고 운영방법을 개편하며, 중고거래 대표 커뮤니티로 성장했다. 법인이 설립된 것은 2014년, 모바일 앱이 만들어진 것은 2016년이었다. 카페 운영 초기 '제품 대신 벽돌이 왔다'는 사기 후기가 이슈가 되며 온라인 중고거래를 위해서는 피해방지 기술이 중요하다는 것을 알게 되었다. 중고나라는 모바일 앱을 만들면서 거래대금의 입출금을 제3의 회사에 위탁하는 '안전거래 시스템'과 계좌번호나 전화번호로 판매자의 사기 신고이력을 확인할 수 있는 '사이버 캅' 서비스를 제공했다. 현재 중고나라는 모바일 앱과 카페를 동시에 운영하고 있다.

야놀자

모텔 정보를 제공하는 야놀자 사업은 2005년 다음 카페 '모텔투어'에서 시작했다. 모텔투어는 모텔 아르바이트생, 이용자 등이 후기를 올리던 커뮤니티였다. 카페를 통해 모텔 가격, 약도, 사진, 후기 등을 제공하며 사용자들이 모였다. 그후

2007년에야 정식으로 야놀자닷컴이 열렸다. 야놀자는 2021년 현재 기업가치 10조 원을 넘어선 기업으로 성장했다.

2003년 다음 카페 야놀자의 메인 페이지

7장
실험을 일상화하라

꾸준한 실험은 플랫폼의 완성도를 높이는 방법이다. 여기서 이야기하는 실험이란 '시장 가정(market assumption)'을 테스트하는 것이다. 플랫폼을 만드는 과정에서 수많은 가정이 존재한다. '고객이 이 기능을 좋아할 것이다'라는 기획안부터 '어떤 색을 더 좋아할 것이다'라는 색깔의 선택까지, 검증되지 않은 가정의 연속이다. 이런 수많은 가정을 일일이 실험하고, 검증이 완료된 것들을 멋지게 배치하여 만든 것이 성공한 플랫폼의 현재 모습이다.

구글이 5일 안에
아이디어를 검증하는 이유

실험의 중요성은 플랫폼 시대에 처음 나온 것은 아니다. 전통 기업의 실험정신이 플랫폼 시대에 더 적합한 방법론이 되었을 뿐이다. 일본에서는 2차 세계대전 이후 오랫동안 기업의 실험에 카이젠(kaizne)이라는 방식을 사용했다. 카이젠은 끊임없이 개선을 추구하는 프로세스 관리 기법으로, 세계적인 자동차기업 도요타 성장의 원동력이 되기도 했다.

카이젠을 비롯한 도요타의 생산방식은 이후 MIT의 제임스 워맥(James Womack) 교수 등에 의해 미국의 기업환경에 맞게 '린(Lean) 경영'으로 재정립되었다. 그리고 에릭 리스(Eric Ries) 등에 의해 재해석된 린 경영은 실리콘밸리의 스타트업에 맞는 경영전략인 '린 스타트업(Lean Startup)'으로 이어졌다. 린 스타트업의 가장 중요한 메시지는 '일찍 실패하고 자주 실패하고, 그러는 동안 쓸모없는 것은 제거하라'는 것이다.

린 스타트업 방법론은 제품이 고객에게 적합한지, 고객의 문제를 어떻게 해결했고 대안은 무엇인지, 그리고 수정해야 할 방향은 무엇인지를 한 달 안에 끝내도록 한다. 린 스타트업을 만든 에릭 리스는 "현대 경쟁의 법칙은 누구든지 빨리 알아내는 사람이 이긴다"고 말한다. 새로운 경험과 기술이 판단할 시간을 주지 않고 빠르게 몰려오는 지금의 시대에서는 끊임없는 실험문화가 더욱더 중요해질 수밖에 없다.

구글의 스타트업 투자 자회사인 구글 벤처스에서는 좀더 빠르고 유연한 실험을 위해서 스프린트(Sprint)를 개발했다. 린 스타트업 방법론처럼 짧은 시간 아이디어 검증을 목표로 하는 스프린트는 아이디어를 구체화하고 검증하기 위해서 월요일부터 금요일까지, 단 5일 안에 이 과정을 완료한다. 세상에서 가장 빠른 개발 방법론이라고 소개하기도 하는 디자인 스프린트(Design Sprint)는 '이해 → 스케치 → 결정 → 프로토타이핑 → 테스트'의 과정으로 각 과정마다 하루를 사용한다.

구글 스프린트의 가장 큰 장점은 모든 과정에 경영자를 비

스프린트 접근법

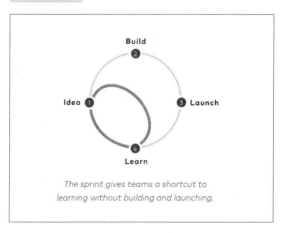

The sprint gives teams a shortcut to
learning without building and launching.

출처 : 구글벤처스 사이트

롯한 다양한 직무의 구성원들이 여러 관점을 공유할 수 있다는 것, 그리고 그것들을 빠르게 테스트해 볼 수 있다는 점이다. 기업과 팀의 성격에 따라서 변형하여 1~3일 동안 스프린트를 진행하는 것도 가능하다.

실험적인 조직문화를 만드는 4가지 방법

실험은 플랫폼 기업의 핵심가치이고, 앞서 말한 카이젠, 린 스타트업, 스프린트와 같은 여러 실험적 방법론은 플랫폼 기업으로 전환하고자 할 때 필수적인 요소이다. 하지만 막상 실행하다 보면 장애물이 많고, 그에 따른 실패도 잦다. 기업문화 자체가 리스크를 선호하지 않는다면 실패할 가능성이 있는 프로젝트를 중단하지 못한다. 중단하게 되면 그간 투자된 비용이 투자 실패로 확정되는데 그것이 두려워 실패할 것이 뻔한 제품을 출시한다. 일하는 문화가 효율성, 정확성, 예측가능성을 실험자들에게 요구하니 진정한 의미의 실험이 일어나기 어렵다. 그럼에도 불구하고 실험을 일상화하려면 어떻게 해야 하는 것일까? 기업마다 여러 방법이 있겠지만 다음 4가지가 필수적이라고 생각된다.

질문을 활성화한다

기업이 실험적인 사고방식을 받아들이면 결과적으로 질문이 자연스런 환경이 조성된다. 질문이 있다는 것은 그 속의 개인들이 '이 일은 왜 정체되어 있는 것일까' '어떻게 해야 일을 더 잘할 수 있을까' 같은 생각을 한다는 것이고 그 생각을 상사나 멘토에게 물어볼 수 있다는 것이다. 실험문화가 없는 조직에서는 이런 질문과 대화가 불가능하다. 질문을 상사에 대한 도전으로 받아들이기도 하고 시키는 일도 산적해 있기 때문이다. 이런 곳에서는 리더는 말하고 참석자는 수첩에 적는다. 반면 질문이 가능한 환경에서는 문제를 집요하게 파고들어 정확하게 알 수 있고, 정확히 알게 되니 문제를 접근하는 방법도 효율적이다. 그런 사람들이 모인 조직에서는 질문하고 피드백 받는 것을 문제를 찾아가는 학습의 기회로 본다. 자연스럽게 자신이 틀렸다는 사실이 드러나도 괜찮다고 생각하는 사람들이 많아지면 꼭 좋은 질문을 해야만 하는 부담감도 없어질 것이다. 개인들은 질문으로 호기심을 표현할 수 있기 때문에 이런 사람들이 모인 조직에서는 문제를 해결하고 목표를 달성하고자 의지가 높아지게 된다. 실험조직은 회의 중이나 평상시에 질문이 많다. 반대로 실험하지 않는 조직은 질문하지 않는다. 질문보다는 지시와 점검이 있다.

데이터가 의견보다 우선한다

실험적인 조직에서 의사결정은 전적으로 데이터 기준을 우선시한다. 전통 기업에서의 의사결정은 데이터 기반이 아니라 고위급 임원들이 좌우한다. 어떤 상황은 데이터가 불확실하기 때문에 임원들의 결정을 기다리는 상황일 수도 있겠지만 그것은 과정일 뿐 실험의 기준이 의견이 되어선 안 된다. 기준이 데이터가 아닐 경우 리더가 바뀌었을 때, 리더의 눈치를 보는 것이 조직의 문화로 자리잡는다. 따라서 실험문화가 조성되는 기업을 위해서는 고위급 임원이라도 이러한 룰을 준수해야 한다. 가장 월급을 많이 받는 사람의 의견(Highest-Paid Person's Opinion)이 중요해서는 안 된다. 데이터가 우선이어야 한다.

온라인 실험실을 만든다

워싱턴대학교 단백질 연구팀에서는 폴드잇(Foldit)이라는 플랫폼을 개발했다. 단백질은 아미노산들이 사슬형태로 복잡하게 연결된 구조를 가지는데, 그 구조에 따라 각기 다른 기능을 하는 치료제를 만들어낸다. 연구팀은 온라인상에 단백질 아미노산 사슬을 이리저리 접어보는 실험실(온라인 퍼즐 비디오게임)을 제공했다. 실험실에서 제공한 바이러스 구조를 맞추는 데 성공하면 점수와 랭킹이 올라가는 방식이다. 사람들은 전문지식이 없어도 다양한 방법으로 단백질을 접어보고, 이 과정에서 의외로 최적화된 구조를 만들어낼 수 있었다.

폴드잇이 주목을 받은 것은 10년 동안 수많은 과학자들이 풀지 못했던 에이즈 치료제에 필요한 단백질 구조를 6만 명의 온라인 참가자가 단 10일 만에 풀어낸 후부터이다. 2020년에는 이처럼 대략 20만 명의 사람들이 거대한 온라인 실험실을 통해서 과제를 해결하고 있다.

4%를 위한
96%

이렇듯 실험의 필요성과 장점을 강조하지만 사실 실험은 고단함의 연속이다. 한국에서 '오디오계의 유튜브'라 불리는 스푼(Spoon)의 최혁재 대표는 "1년에 54번 업데이트 중 52번은 마켓핏(market fit: 시장에서 반응하는 적합한 서비스)이 아니었다. 2번의 핏(fit)이 오늘의 스푼(Spoon) 서비스를 성장하게 만든 것이다"라고 했다. 매년 한 주에 한 번 가까이 실험을 하지만 결국 플랫폼의 성장에 직접적인 영향을 미치는 것은 4%도 안 된다는 말이다. 그럼에도 이 4%는 52번의 실험을 통해서 탄생한 것이다.

실험이 모든 전통 기업의 솔루션은 아니지만 플랫폼 기업에는 필수적이다. 잘하는 기업과 못하는 기업이 있을 뿐이지 실험하는 기업과 실험하지 않는 기업은 없다. 플랫폼 기업에서 실험은 한두 번의 이벤트가 아니라 일상이다.

뉴스원픽
구글의 G2G 프로그램

실험을 중요시하는 플랫폼 기업에서는 사내교육도 플랫폼스럽게 진행한다. 한 명의 유명강사가 고정된 지식을 전달하던 기존의 교육방식은 급격한 기술변화를 따라잡고 치열한 경쟁상황을 뚫고 나가기에는 역부족이기 때문이다. 구글에서는 주제에 맞는 강사와 수강생이 자발적으로 연결되는 플랫폼 방식이 도입된다.

G2G(Googler to Googler: 구글러가 구글러를 가르친다)라 불리는 이 유명한 프로그램은 프로젝트를 경험한 직원들이 자신에게 주어진 업무가 끝나고 그 과정에서 얻은 경험과 노하우를 다른 직원에게 가르침으로써 또 한 번 성장의 시간을 갖게

구글의 교육 프로그램 홈페이지

출처 : rework.withgoogle.com

된다. 상대 직원들은 평소 관심있던 프로젝트의 과정과 노하우를 동료로부터 배울 수 있는데, G메일 개발과정이나 유튜브 프리미엄 서비스 도입 과정과 결과를 담당자에게 직접 들을 수 있다. 이런 형태의 교육과 토론은 구글 내부의 다른 프로젝트를 성공시켜 줄 가능성도 높여준다. 덕분에 직원의 만족도도 높고, 경영진이나 조직장들 또한 그 중요성을 강조할 정도로 성공적인 결과를 창출하고 있다. 지금 일어나는 플랫폼 세상으로의 변화는 플랫폼의 사업영역을 넘어 기업 내 교육방식에도 영향을 미치고 있다.

8장
인터랙션을 최우선으로 디자인하라

'회원가입 후 사용자가 처음으로 무엇을 보게 할 것인가?' '다른 사람의 프로필을 방문 후에 선물하기 경험(Experience)을 연결할 것인가?' '선물을 주고 받을 때 받았다는 알림은 상대방이 로그인 후 어떤 방식으로 알려줘야 하나? 또는 선물 거절 기능이 필요한가?' 이런 고민은 인터랙션 디자인의 영역이다. 지금은 데이터 분석이 강력해지면서 인터랙션 디자인은 사용자의 활동 데이터 기반으로 더욱 정교해졌다.

아프리카TV의 핵심,
인터랙션 디자인

플랫폼을 디자인할 때는 자주 일어나는 핵심 인터랙션을 주목해야 한다. 차후에 핵심 인터랙션이 파생하여 여러 인터랙션으로 발전하지만 핵심 인터랙션은 플랫폼에서 일어나는 가장 중요한 활동을 뜻하며, 플랫폼을 디자인하는 궁극적인 이유이다.

예를 들어 개인방송 서비스 아프리카TV에서는 개인방송을 하는 BJ 사용자와 시청하는 일반 사용자로 나뉜다. 아프리카 TV 서비스에서 핵심 인터랙션은 방송을 하는 중에 오가는 채팅과 별풍선 보내기이다. 방송을 진행하는 사용자에게는 방송하기, 별풍선 받기, 초대하기가 핵심 인터랙션이고, 방송을 시청하는 사용자에게는 방송보기, 채팅하기, 별풍선 보내기가 핵심 인터랙션이 된다. 또 아프리카TV로서는 회사의 주 수익원인 별풍선이 오가는 것이 핵심 인터랙션이 된다. 따라서 이를 강화하기 위해 '별풍선 보내기를 어떻게 편리하게 할 것인지' 그리고 '별풍선을 보낼 때 어떻게 채팅방의 참여자들이 모두 알게 할 것인지'가 인터랙션 디자인의 고민거리가 된다. 실제로 별풍선의 금액이 높을수록 채팅방 안에서의 화려함과 축하의 이미지가 더 강조되도록 개편하니 더 많은 금액의 별풍선이 오갔다. 이런 형태로 핵심 인터랙션을 최대한 극대화하는 디자인이 성공적으로 작동하면 플랫폼은 성장한다.

핵심 상호작용 강화가
성장의 비결

정보경제학의 세계적인 전문가 마셜 밴 앨스타인(Marshall W.Van Alstyne)은 그의 저서 〈플랫폼 레볼루션(Platform Revolution)〉에서 플랫폼 핵심 인터랙션으로 참여자(Participants), 가치단위(Value Unit), 알고리즘(Algorithm)의 3가지 핵심요소를 소개했다. 대다수의 플랫폼에서 다양한 참여자들에 의해 여러 방식으로 상호작용이 일어나지만, 핵심 상호작용을 찾아서 강화하는 것이 성장의 비결이다.

참여자(Participants)

핵심 인터랙션의 참여자는 보통 두 종류이다. 일반적으로 공급자(생산자, 판매자)와 사용자(소비자, 구매자)로 구분되는 이 두 종류의 참여자는 그 역할이 다르다. 공급자는 가치를 창출하고 사용자는 가치를 소비한다. 아프리카TV의 경우 BJ는 공급자로서 방송을 만들어 가치를 창출하고 시청자는 사용자로서 방송을 시청하고 반응하는 구조이다. 한편 사용자이면서 공급자가 되기도 하는데 방송의 시청자이면서 또한 개인방송을 진행하는 공급자가 될 수도 있다.

가치단위(Value unit)

모든 상호작용은 정보교환에서 시작한다. 따라서 교환할 만한 정보가 가치단위가 된다. 교환할 것이 참여자들에게 가치가 없다면 인터랙션이 일어나지 않는다. 커머스 플랫폼에서 상품정보는 판매자가 만든 가치단위이며, 이는 구매자에게 설명된다. 스타트업 투자를 진행하는 킥 스타터(Kick Starter)나 클라우드 펀딩 와디즈(Wadiz)에서는 펀딩하는 제품이나 회사의 정보가 가치단위이다. 모든 플랫폼에서 참여자는 가치단위를 생산하고 이를 매력적으로 인터랙션되도록 하는 것이 플랫폼 기업의 일이 된다.

이때 플랫폼 기업은 가치단위의 생성과정을 직접 통제하지 않지만 비즈니스 모델과 사회환경에 따른 각각의 규칙을 만든다. 전통적인 렌트카회사는 자동차(가치단위)를 구매해서 원하는 사용자에게 렌트하지만, 플랫폼 회사 우버는 자동차(가치단위)를 소유하고 있지 않다. 반면에 우버를 모델로 시작한 카카오T는 차량(택시)호출 서비스로 시작했으나 차량(택시)을 직접 소유하는 것으로 비즈니스 모델이 변형된 예이다. 2019년부터 카카오택시를 운영하며 직접 택시회사(가치단위)를 소유하고 드라이버에게 월급을 주고 있다. 에어비앤비와 유사한 모델인 야놀자도 외부의 숙박업소를 소개하는 것 외에 자체적으로 모텔과 호텔을 소유하고 가치단위인 숙소를 내재화하고 있다.

알고리즘(Algorithm)

플랫폼 내에서 사용자들에게 노출되는 가치단위는 기준에 따라서 조정되고 삭제되는 등 필터작업이 이루어진다. 초기에는 수동으로 진행되던 필터작업은 플랫폼의 규모가 커지면서 자동화되는데, 검색이나 정렬기준, 탑100, 오늘의 추천, 악플삭제 인공지능 등이 모두 알고리즘이다. 이 알고리즘을 어떻게 조정하는가가 플랫폼 기업에서는 매우 큰 결정이며, 활성화 여부에도 영향을 미친다. 콘텐츠를 제공하는 참여자들은 알고리즘이 마음에 들지 않을 때 플랫폼 기업에 거칠게 항의하기도 하며 때로는 네이버, 카카오, 쿠팡처럼 영향력이 큰 플랫폼의 알고리즘은 정부가 나서서 플랫폼 기업의 알고리즘을 비판한다. 음악서비스의 랭킹, 검색에서의 실시간 검색어, 커머스에서의 가격비교 같은 필터는 참여자들의 상호작용을 더 크게 하기도 하고, 플랫폼을 떠나게도 한다. 알고리즘의 다양한 적용사례에 대해서는 이후 장에서 좀 더 살펴볼 것이다.

인터랙션이
퍼스트다

플랫폼의 생명력은 사용자들의 상호작용이라고 해도 과언이 아니다. 그래서 더 많은 사람을 유입해야 하며, 사용자가 플랫폼에서 충분히 머물고 만족감을 얻고 갈 수 있도록 해야 한다. 이를 위해 필요한 것이 바로 인터랙션 디자인이다. 이후에 소개할 내용인 일하도록 하는 것, 참여하도록 하는 것 모두 플랫폼 성장과 활성화를 위한 인터랙션 디자인의 영역이다. 플랫폼 디자인은 곧 인터랙션 디자인이다.

뉴스원픽
참여를 만드는 사소한 것들

매일 헬스클럽에서 운동하면 건강해지는 걸 알지만 대부분의 사람들이 작심삼일로 끝나는 것처럼, 플랫폼도 초기 사용자들에게 참여하는 습관을 만들어주지 않으면 잊혀진다. 전통 기업에서는 플랫폼의 활성화를 위해 그간 해오던 방식대로 광고, 경품 이벤트를 계획한다. 물론 이벤트 동안에는 경품을 위한 미션 참여자가 늘어나지만 문제는 경품을 받고난 후다. 사용자가 크게 떨어지고 처음부터 고민이 다시 시작되는 것이다.

이유는 무엇일까? 필요없는 플랫폼을 만들었기 때문일까? 그럴 수도 있지만 그렇지 않을 수도 있다. 그럴 때는 대대적인 개편보다는 사람들의 행동에 관한 연구[5]를 참고하여 운영을 하면서 적용하면 도움이 된다. 다음 4가지는 참여를 만들기 위한 사소한 방법이다.

5
BJ 포그는 저서 〈습관의 디테일〉을 통해 사람들의 행동은 단순히 생각으로 발현되는 것이 아니라 동기(Motivation), 능력(Ability), 자극(Prompt)의 3가지 요소를 동시에 갖춰야 시작되는 것이라고 주장했으며, 이들의 상관관계를 '포그행동모델'로 설명했다.

첫째, 행동을 사용자의 상황과 연결하기(행동유발)

음식을 먹기 전에 사진을 찍어 올리는 행동은 인스타그램이 만든 행동이다. 그래서 전 세계 사람들은 밥을 매일 먹는 것처럼 인스타그램에 매일 음식 사진을 찍어서 올린다. 음식을 먹는 상황과 인스타그램 사진 올리기가 묶인 것이다. 간혹 사진 찍는 것을 잃어버리기도 하지만 식당 안의 사진 찍는 다른 사람들을 보고 다시 인스타그램을 열게 된다. 쿠팡의 로켓프레시 당일배송은 오전 10시 이전에 주문하면 오후 6시까지 집에서 받아 볼 수 있다. 이 서비스는 직장인이 출근할 때 쇼핑하는 습관을 만들어주었다.

인스타그램 사용자의 상황(먹기) + 연관된 행동(사진 찍기)

쿠팡 로켓프레시 사용자의 상황(출근하기) + 연관된 행동(저녁 장보기)

둘째, 사용을 방해하는 것을 제거하여 쉽게 하기(쉬운 사용)

페이스북은 로그인하는 사람들이 글쓰기를 쉽게 할 수 있도록 '무슨 생각을 하고 계신가요?'라는 문장을 입력창에 남겨놓았다. 글의 주제에 대한 고민을 제거해 준 것이다. 넷플릭스는 콘텐츠의 카테고리 분류를 만들지 않았다. 무엇을 보아야 할지 고민하는 대신 메인화면에 추천 콘텐츠를 배치했다. 그래서 뚜렷한 목적없이 심심할 때 넷플릭스를 찾는 습관을 만들었다. 카카오 페이는 1/N 정산을 통해 더치페이를 쉽게 했고, 상대방의 계좌번호를 몰라도 돈을 보낼 수 있도록 했다. 쉽게 사용했던 서비스는 다음 번 같은 상황을 만났을 때 다시 생각나게 된다.

> **넷플릭스** 콘텐츠 선택의 어려움 → 카테고리 없이 개인 추천으로 시청을 쉽게 함
>
> **카카오 페이** 더치페이의 번거로움 → '1/N 정산하기' 기능을 통해서 쉽게 함

셋째, 참여한 결과로 인해 만족감을 얻게 하기(보상)

만족감은 중요하다. 만족감을 느끼면 다시 행동하게 된다. 플랫폼에서의 만족감은 꼭 커다란 것이 아니어도 된다. 네이버 카페는 오래전부터 카페의 활동에 따라 씨앗-새싹-잎새-가지-열매-나무까지의 랭킹과 활동점수가 누적된다. 잎새 등급부터는 카페정모시 현수막, 깃발, 티셔츠 등 소소한 기념품을 지원받을 수 있다. 정모를 하면서 카페활동을 열심히 한 것에 만족감을 느낀다. 당근마켓은 '매너 온도' 기능을 통해 거래자가 얼마나 신뢰할 만한지를 표시한다. 사람의 체온인 36.5도에서 출발해 좋은 평가를 받을 때마다 0.1도씩 올라가고 평가, 신고 등에 따라 내려간다. 이런 게임적인 요소는 소

소한 즐거움을 준다. 따라서 그 즐거움을 얻기 위해 온도를 99도까지 올리는 노력을 하기도 한다. 심리적인 보상을 주기 때문이다.

네이버 카페 랭킹과 활동 점수 → 등급에 따른 지원품

당근마켓 매너온도 → 평판에 대한 심리적 만족감

넷째, 흔적을 남기게 하기(재방문 유도)

사용자의 활동 흔적을 잘 정돈하여 플랫폼에 남게 하는 것은 다른 플랫폼으로 이동하는 것을 불편하게 하면서 계속 참여하도록 동기부여를 한다. 쿠팡에서 내가 찜한 상품/주문목록, 티빙의 영화보관함 기능은 사용자의 활동을 자동으로 기록하여 계속해서 사용할 이유를 만들어준다. 페이스북 메인페이지에서 가끔 같은 날에 해당하는 수년 전의 게시물을 불규칙하게 보여주는 것도 그동안 소중한 추억이 쌓여 있음을 상기시켜 떠나가지 않도록 하기 위한 것이다.

쿠팡 찜한상품, 주문목록 → 활동내역을 보여줌

페이스북 같은 날 추억의 게시물(댓글, 좋아요 많음) → 좋았던 감정을 상기시킴

9장
일하지 말고 일하게 하라

줌에서
게임을 할 수 있는 이유

화상회의 플랫폼 줌(Zoom)은 화상회의로 그 가치를 인정받고 세계적인 인지도를 얻은 후 '줌 앱스(Zoom Apps)'를 선보였다. 줌 앱스는 줌 플랫폼에서 타사 어플리케이션을 직접 구동할 수 있도록 하는 서비스로, 아이폰에서 앱스토어를 통해서 애플리케이션을 실행할 수 있듯이 줌에서 게임과 같은 어플리케이션을 등록할 수 있도록 한 것이다. 초기에는 게임이나 아바타, 가상회의 같은 앱이 등록되었으나 이후에는 개발사들의 다양한 앱들이 가능하도록 개발 인터페이스(Application

Programming Interface)가 오픈될 것으로 보인다. 애플이 아이폰에서 필요한 애플리케이션을 위해서 개발 가능한 프로그램을 오픈했듯이, 줌도 추가적인 성장을 위해서 인터페이스를 만들고 외부의 힘을 활용하기 시작한 것이다. 이는 플랫폼 기업이 폭발성장을 준비하는 전형적 방식으로, 내부에서는 외부와 연결할 인터페이스를 준비하고 수익을 나눠주는 구조를 만든 후, 외부의 힘으로 플랫폼이 성장하도록 하는 방식을 말한다. 이처럼 플랫폼 기업은 외부와 협업하기 위한 디지털 접점인 인터페이스를 만들어 파트너들이 일할 수 있도록 하는 방식으로 폭발성장을 준비한다.

성장하는 플랫폼 기업의 인터페이스는 문의전화나 이메일이 아니라 외부에서 내부 시스템을 연결하여 활용하기 위한 소프트웨어적인 약속이며, 규칙이 정해져서 적용된 알고리즘이자 자동화된 업무흐름이다. 모든 과정에 디지털 기술을 활용하기에 이전처럼 담당자와 연결되고 계약서가 오가는 번거로운 과정이 생략된다. 상황에 따라서 추가적인 문의사항이나 담당자와의 직접적인 만남이 필요하기도 하지만 대부분은 화면 앞에서 해결된다. 기업의 내부와 외부를 연결하는 문, 즉 인터페이스가 디지털로 바뀌었기 때문이다.

인터페이스를 만드는
3가지 원칙

인터페이스는 어떻게 만들면 될까? 기술적인 면보다는 정책적인 관점에서 인터페이스를 만들 때 고려해야 하는 사항들을 소개한다.

선택된 소수보다는 오픈된 다수

폭발성장을 준비하는 회사와 그렇지 않은 회사의 인터페이스에는 차이가 있다. 모두에게 오픈된 플랫폼의 인터페이스와 달리 후자는 오픈API[6]를 연결했지만 실제로는 선택된 소수만 사용하는 방식이다. 이것은 속한 비즈니스의 크기에 따라서 달라질 수 있다. 국내에서 오랫동안 자리잡았던 엠넷, 멜론, 지니 뮤직 같은 음악서비스는 음원을 제공하는 기획사들에게 정산을 위한 인터페이스를 제공했지만 성장을 위한 방법이라기 보다는 업무편의를 높이기 위한 방법이었다. 음원을 제공하는 기획사들에게 오픈 인터페이스를 제공하더라도

---

[6]
API(Application Programming Interface)는 응용프로그램에서 사용할 수 있도록 운영체제나 프로그래밍 언어가 제공하는 기능을 제어할 수 있게 만든 인터페이스를 뜻한다. 주로 파일제어, 창제어, 화상처리, 문자제어 등을 위한 인터페이스를 제공한다.(출처: 위키백과)

더 많은 기획사들이 참여할 가능성은 낮은 경우라고 할 수 있다. 그러나 참여자가 많아질 가능성이 있는 줌(Zoom) 같은 서비스나 카페24 같은 상거래 도구, 유튜브의 경우는 조금 다를 수 있다.

플랫폼 기업의 초창기에는 이용자가 많지 않기에 선택적 소수를 받아들이는 것과 완전한 개방을 통해 다수를 받아들이는 것의 차이가 잘 느껴지지 않을 수도 있다. 그러나 플랫폼의 규모가 어느 정도 성장한 이후에 이 둘의 차이는 확연히 드러난다. 완전히 개방된 인터페이스는 추가적인 인력과 시간의 투입 없이 기하급수 기업이 무한대로 확장하도록 돕는다. 자고 일어나면 파트너가 100명, 1,000명씩 생겨났다고 하는 플랫폼은 오픈 인터페이스 덕분이다.

초창기가 아닌 성장기에 필요

자동화된 오픈 인터페이스는 파트너들이 일하게 만드는 좋은 방법이지만 성장이 시작되기 전부터 구글과 아마존, 네이버 같은, 성공한 대형모델을 따라해서는 안 된다. 인터페이스는 플랫폼을 만들고 시작하는 초창기보다는 성장기에 필요하기 때문이다. 플랫폼을 만든 초창기에 오픈정책을 발표하며 오픈API를 제공하는 인터페이스를 만들어도 실제로 참여하는 파트너는 한 달에 한두 건일 수 있다. 실제로 롯데 엘포인트를 활용한 빅데이터 오픈 인터페이스 구축이 그랬다. 당시 엘포인트 데이터를 활용할 파트너를 위한 인터페이스를 만들고 발표회를 했지만 인터페이스를 사용할 비즈니스 파트너는 10개 이하였다. 그리고 시간이 지나면서 또다시 돈과 시간을 들여 사용자 없이 시스템을 업그레이드해야 하는 상황이 되었다. 그러므로 인터페이스는 초창기가 아닌 성장기에 만듦으로써 제대로 된 힘을 발휘하는 것이 좋다.

배달의민족은 초창기에 앱으로 들어온 주문을 가맹점주에게 전달하는 데 디지털 인터페이스가 아닌 오프라인의 수동 채널, 즉 전화를 활용했다. 앱을 통해 들어온 주문을 배달의민족 직원들이 일일이 가맹점주에게 전화를 걸어 전달한 것이다. 한 세미나에서 김봉진 대표는 인터페이스 자동화 과정을 다음과 같이 설명했다.

"경쟁자의 속도는 빨랐다. 조직의 인터페이스에 대한 설계, 인식, 적용 면에서 우리는 한다 한다 하고는 아직 구현하지 못한 기능을 그들은 벌써 만들었다고 하니 깜짝 놀랐다. 경쟁에 대응하기 위해서 앱에서 고객이 주문하면 서버에서 받아서 자동으로 주문되는 것처럼 한 다음, 실제로는 우리 직원들이 직접 음식점에 전화를 걸어서 "짬뽕 두 그릇 주요" 하는 원시적인 방식으로 운영했다. 앱 주문의 기능이 자동화될 때까지 몇 달 동안 매일 밤늦게까지 전 직원이 열심히 고객 대신 전화를 걸어 주문했다. 당시 조선일보에서 '배달의민족 앱이 사실은 원시적'이라는 기사가 난 적도 있다. 하지만 원시적이면 어떤가, 이기기만 하면 되지! 스타트업은 몸으로 때우는 것이 최고다."

배달의민족은 이용고객이 많지 않은 초창기에 군이 무리해서 인터페이스를 자동화할 필요가 없다고 판단했다. 물론 수동으로 주문을 받는 동안 자동화 과정을 준비하고 있었고, 지금은 전국의 수많은 사용자와 음식점주들이 사용하는 1등 플랫폼이 되었다.

실제 업무에 사용되는 절차가 우선

인터페이스는 구축보다 실제 업무에서 사용되는 절차가 우선되어야 한다. 파트너사를 선정하고 계약을 하기까지 어떤 업무가 필요하고, 그 과정에서 어떤 규칙을 적용해야 할지 오프라인에서 담당자가 직접 파트너 계약을 하면서 경험해 보아야 한다. 이러한 과정이 다소 인력과 시간이 소요되는 일이라고 해도 우선은 수동으로 시작하여 규칙을 만들면서 요구사항을 정리할 수 있다.

배달의민족의 파트너 프로그램인 배민라이더스는 배달이라는 안전을 생각해야 하는 특수상황 때문에 화면에서 모든 것을 해결하지 않고 오프라인으로 안전교육을 먼저 시행했다. 라이더의 수가 더 많아지면 이 절차가 불가능할 수도 있겠으나, 초기에는 화상교육 시스템을 만드는 것보다 오프라인 교육이 더 적합할 수도 있다. 앞서 소개한 화상회의 플랫폼 줌도 2019년 나스닥에 상장할 만큼 사용자 기반이 탄탄했음에도 불구하고 코로나19로 수혜를 본 이후인 2021년에야 외부 개발자와 연결을 하는 인터페이스를 테스트하기 시작하지 않았는가? 소수 개발사들과 직접적인 경험을 통해 얻은 성과들을 잘 정리하여 오픈 인터페이스에 적용하고자 하는 의도일 것이다.

아마존 셀러, 배민 라이더스, 디지털 마케터의 공통점

최근에는 전통 기업도 플랫폼을 만들어 오픈 인터페이스를 선보이고 있다. 현대차그룹은 2019년 10월 '현대 디벨로퍼스(Hyundai Developers)'에 이어 2020년에는 '기아 디벨로퍼스(Kia Developers)' '제네시스 디펠로퍼스(Genesis Developers)'를 연속으로 출범했다. 현대 디벨로퍼스는 현대차 고객과 스타트업을 비롯한 제3의 서비스업체를 연결하는 일종의 플랫폼으로, 차량 오픈 데이터를 활용한 다양한 대 고객 서비스 및 상품개발을 가능하도록 한 것이다. 전형적인 제조업인 현대차그룹에서 시도하는 것이라 시행착오는 있겠지만 자동차기업이 플랫폼 기업으로 전환하는 시도로 볼 수 있다.

지난 수십 년 동안 기업은 성장을 위해 외부의 힘을 연결하고 사용해 왔다. 이러한 협업 방식의 변화는 이제 성장하는 기업과 몰락하는 기업을 구분하는 중요한 기준이 되고 있다. 외부와 기술적으로 연결할 수 있는 인터페이스를 만들고 비즈니스를 가능하도록 정책적인 결정을 하는 것은 플랫폼 기업의 성장방식이다. 아마존 사업을 누가 하는가? 아마존 셀러들이다. 배달의민족을 누가 성장시키는가? 전국의 소상공인들과 배민 라이더스이다. 카카오사업을 성장시키는 이는 카카오 채널 기업 가입자들과 알림톡을 사용하는 대한민국의 마케터들이다. 플랫폼 기업은 스스로 일하는 방식이 아닌 파트너들이 일하게 하는 방식으로 성장한다.

'코로나19 예방접종 대응추진단'이 네이버, 카카오와 일하는 법

코로나19 백신 접종을 위한 예약시스템은 개발 초기 오류가 많았다. 접종 희망자가 대규모로 몰리면서 접속 장애가 있었고 이를 해결하는 데도 많은 시간이 소요되었다. 하지만 문제는 여기서 끝나지 않았다. 기술적인 문제가 해결되었지만 예약 취소를 하지 않고 접종하러 오지 않아 남게 되는 백신으로 인해 잔여백신 문의가 이어졌다. 하루라도 빨리 접종을 맞고 싶은 대기자들은 취소백신에 대한 정확하지 않은 정보로 여러 의료기관을 찾아다니는 불편을 감수해야 했다.

코로나19 백신은 1병당 10명 분의 접종량이 포장돼 있어 개봉 후 최대 6시간 내에 백신을 소진하지 못하면 폐기 처리하게 된다. 예약 후 당일 건강상태가 좋지 않거나 예진의사가 접종 불가능 판단을 할 경우, 또한 예약 후 방문하지 않은 사례가 발생했을 때는 백신이 폐기되기도 한다. 이에 신속하게 잔여백신 발생 정보를 공개하고 인근 위탁의료기관에서 당일 접종하는 신속한 예약이 필요했던 것이다.

이를 해결하기 위해 코로나19 예방접종 대응추진단은 무리하여 자체적인 시스템을 발전시키지 않았다. 이전 예약 시스템을 유지하며 통합 데이터는 중앙에서 관리했지만 이를 조회하고 예약하는 기능은 네이버와 카카오와 협업했다. 이에 따라 네이버와 카카오 지도 서비스나 검색을 활용해 잔여백신을 조회하고 예약 신청이 가능하게 되었다. 본인인증도 네이버, 카카오에서 받은 인증이 있다면 생략하도록 했고 당일예약 희망자들이 사전에 위탁의료기관을 등록해 놓으면 잔여백신이 발생된 경우 카카오톡을 통해서 알림을 받도록 했다. 그 결과 2021년 2월 접종을 시작한 이후 2021년 10월까지 예방접종을 1회 이상 실시한 사람은 4,000만 명을 넘었다.

코로나19 예방접종 대응추진단이 네이버, 카카오의 기술 자원을 활용하여 일하는 방식은 좋은 결과를 가져왔다. 코로나19 예방접종 대응추진단은 당면한 문제를 플랫폼 기업의 기술적 자산과 사용자 접점을 활용하여 해결하였고, 네이버와 카카오는 기업의 사회적인 역할에 대해 홍보하는 기회가 되었다.

10장
참여하지 말고 참여하게 하라

"직원 1명당 2개씩 가입여부를 점검하고 이를 인사고과에 반영하라."

모 기업 대표이사가 경영관리부서에 지시했다. 신용카드 사업을 시작한 계열사의 실적이 좋지 않자 그룹사 직원 모두를 참여시킨 것이다. 계열사별로 점검되는 숫자에서 불이익을 당하지 않으려는 방편인지, 새로운 비즈니스 성과를 위해 직원들의 참여를 이끌려는 것인지 알 수가 없다. 분명한 것은 1인당 2개씩 가입하지 않으면 간접적으로 불이익을 받을 수 있다는 것이다. 게다가 2개는 최소기준일 뿐 직급이 높을수록 더 많은 숫자의 카드를 만들어야 한다.

비단 신용카드 회사만의 일은 아닐 것이다. 식품, 통신, 커피, 제품 등 영업성과에 직원을 동원하는 방식은 20년 전이나 지금이나 큰 변화가 없다. 성장을 위해서 직원들의 힘을 보태려는 것은 충분히 이해하지만, 자발적인 참여가 아닌 이상 큰 도움이 되지 않는다. 오히려 구성원들의 불만만 쌓이게 된다. 플랫폼 기업은 성장을 위해 직원들을 동원하지 않는다. 특히 성장하는 플랫폼은 영업을 위한 내부적인 노력이 그다지 필요하지 않다. 오히려 파트너, 그리고 공급자와 구매자 같은 외부의 조직과 사람을 참여시켜 성장한다. 플랫폼은 애초에 외부의 참여자를 위해 만들어진 것이기에 성장도 외부의 참여자에 의해 이루어지기 때문이다.

참여를 만드는 기술
– 끌어오기, 촉진하기, 매칭하기

플랫폼에서 참여가 중요한 이유는 첫째, 공급과잉 시대에서 사용자들을 참여시키는 것은 기업에게 꼭 필요한 기술이 되었기 때문이다. 생산부족의 시대에서 성장했던 과거 기업은 상품을 생산하기만 하면 사용자들이 참여(구매)했다. 설탕과 밀가루 같은 생필품은 물론이고 좋은 운동화와 오리털 파카는 만들기만 하면 사용자들이 몰려와서 구매해 주었다. 수요보다 생산(공급)이 부족한 시대에 사용자의 자발적 구매는 기업의 실적을 높이고 사용자들은 더 많은 제품을 사지 못해 아쉬워했다. 그러나 지금 같은 과잉생산의 시대에서는 제품과 서비스를 만든다고 해서 사용자들이 자발적으로 참여하지 않는다. 결국 플랫폼 기업은 사용자들을 참여하게 만드는 기술을 가지고 있느냐, 그렇지 않느냐에 따라 실적이 달라진다.

둘째, 참여가 중요한 또 하나의 이유는 사용자들을 끌어들일 수 있기 때문이다. 플랫폼은 생산자와 소비자를 데려와야 서로 인터랙션을 할 수 있다. 참여자를 끌어오는 데 실패한 플랫폼은 참여자 증가에 따른 네트워크 효과가 일어나지 않는다. 네트워크 효과가 일어나지 않으면 인터랙션을 지속하지 못하며, 결국 참여자들을 이탈하도록 한다. 인터랙션을 강화하는 방법은 끌어오기(Pull), 촉진하기(Facilitate), 매칭하기(Match)의 3가지[7]로 나누어 모색할 수 있다.

끌어오기(Pull)

사용자들을 플랫폼으로 돌아오게 만드는 방법이 끌어오기(Pull)이다. 가끔 쇼핑몰에서는 마케팅 동의를 받은 사용자에

---

[7]
보스턴대학 교수인 마셜 밴 앨스타인(Marshall W. Van Alstyne)과 공저자들이 함께 쓴 〈플랫폼 레볼루션(Platform Revolution)〉에서는 핵심 인터랙션을 강화하는 방법을 3가지로 소개한다.

게 스팸 같은 홍보문자를 보내곤 하는데 이는 지나치게 자극적인 낚시성 홍보인 경우가 많아서 끌어오기라고 볼 수 없다. 끌어오기는 사용자들의 자발적인 관심을 받도록 하는 것이다. 끌어오기의 강력한 도구 중 하나는 개인화된 서비스이다. 이는 플랫폼에서 일어나는 다른 참여자와의 관계를 개인화하여 사용자에게 피드백을 제공하는 방법이다. 피드백의 시작은 다른 사용자의 관심표시, 선호도, 요구로부터 의미를 찾아 사용자들이 새로운 가치가 있다고 여길 만한 관계를 추천해준다. 친구의 친구라던가 비슷한 속성을 지닌 그룹이나 콘텐츠, 3번 이상 보기만 했던 상품의 업데이트된 소식, 품절상품의 입고소식일 수도 있다. 이것은 경험치가 많이 쌓일수록 사용자에게 방해가 되지 않는 플랫폼 고유의 노하우가 된다. 참여자가 많을수록 플랫폼은 참여자에 대해 더 많이 학습하게 되어 더욱 정교한 피드백이 가능해지는데, 이는 플랫폼이 사용자를 끌어오는 강력한 매력점이 된다.

촉진하기(Facilitate)

플랫폼 기업은 플랫폼 안의 콘텐츠 창출 과정을 통제하지 않는다. 오히려 콘텐츠가 만들어지고 교환할 수 있게 하는 인프라를 만들고, 관리 원칙들과 규범을 정한다. 이런 활동이 촉진하기(Facilitate)의 과정이다. 전통 기업이 제품과 서비스의 직접적인 생산을 통해 상품가치를 스스로 창출했던 데 반해 플랫폼은 단지 중재를 한다. 즉, 생산자가 가치있는 상품과 서비스를 만들어 교환하는 일을 최대한 쉽고 편리하게 할 수 있도록 해준다. 인스타그램처럼 상호작용을 촉진하기 위해서 실시간 사진공유 카메라 앱을 제공하기도 하고, 네이버가 유료화해도 손색이 없는 스마트에디터, 동영상 편집을 위한 동영상 편집 프로그램을 무료로 제공하는 것도 이런 이유이다.

매칭하기(Match)

성공적인 플랫폼은 공급자와 소비자를 제대로 매칭해 준다. 상거래 플랫폼에서는 최적의 거래자를 만나게 하고, 중고 교환을 원하는 사용자들을 동네에서 찾도록 서비스를 지역별로 구분하도록 해준다. 최적의 매칭을 위한 도구는 데이터이다. 개인정보보호라는 제약이 있으나, 사용자가 데이터 수집에 적극적으로 동의하도록 인센티브를 제공하기도 하며, 게임의 요소를 사용하기도 한다. 링크드인처럼 자신의 정보를 더 많이 제공하도록 유도하여 개인 프로필의 완성도를 높이면 개인은 더 많은 헤드헌터와 매칭이 가능하다.

클럽하우스가
참여하도록 만드는 방법

끌어오기, 촉진하기, 매칭하기의 3가지 요소를 활용하여 사용자의 참여를 유도하는 상세한 방법은 플랫폼이 지향하는 특성에 따라 달라진다. 클럽하우스는 베타 서비스 기간 동안 기존 멤버를 통해 초대를 통해서만 가입하도록 하고 오디오 대화가 녹음되지 않도록 하는 서비스 정책을 통해 참여를 설계했다. 신규가입은 초대만 허락하기 때문에 SNS에서는 초대를 부탁하는 글이 넘쳐났고 녹음이 되지 않기 때문에 내용이 궁금하면 실시간으로 참여해야만 했다. 가입한 사용자는 정치, 경제, IT 등 관심사에 따라 오디오방으로 매칭된다. 이후에는 기존 이용자로부터 반드시 초대를 받아야 했던 과거 시스템을 포기하고 누구나 가입할 수 있도록 변경했지만 초기 오픈시의 독특한 참여방식 덕분에 사용자들의 자발적인 확산을 만들었다.

카카오톡은 선물하기, 조르기, 생일알림 등의 기능을 활용하여 사용자들의 참여를 유도하고 있다. 사용자들이 서로 메시지를 많이 보내야 성장하는 카카오톡 같은 메신저 서비스는 이를 장려하기 위해 발렌타인데이, 빼빼로데이 등의 시즌성 이벤트를 선물하기/조르기와 연결하여 마케팅 활동을 한다. 이러한 참여방식은 사용자들의 호응을 얻는 데 매우 효과적이다. 이벤트는 불쏘시개 역할을 하면서 관련된 대화, 구매, 오프라인 모임을 위한 단톡방 개설 같은 참여활동도 늘어나기 때문이다.

플랫폼 기업이 사용자를 참여시키는 방법은 기술의 흐름과 상관없이 그 패턴이 비슷비슷하다. 싸이월드는 선물하기, 조르기, 생일알림을 서비스 내에 자동화시켜 사용자들이 적극적으로 참여할 이유를 계속 개발해 나갔다. 카카오톡이 선보인 선물하기, 조르기, 생일알림, 새글알림 등은 이미 싸이월드를 통해 검증된 참여방법이었다. 쿠팡도 선물하기 기능을 오픈했고, 이후 배달의민족, 요기요도 연속으로 선물하기 서비스를 도입했다. 카카오톡 따라하기라는 비판의 시각도 있었으나, 이제 이러한 장치들은 특정 기업의 전유물이 아니라 플랫폼 기업이 사용자들의 참여를 유도하는 보편적인 방법으로 보아야 할 것이다.

빅데이터, 스토리텔링,
뉴스재킹…

한편, 미국의 채팅앱 스냅(Snap)은 빅데이터를 통한 스토리텔링이나 뉴스재킹(Newsjacking)[8]으로 가입자의 참여를 이끌었다. 빅데이터를 통한 스토리텔링은 이렇다 할 비용을 들이지 않고도 사용자들을 참여하게 만드는 유용한 팁이다. 관심을 끌 만한 주제에 빅데이터를 활용하여 시각자료를 만들고, 좋은 제목을 붙이면 된다. 뉴스재킹도 마찬가지다. 트렌디한 뉴스와 자사의 데이터를 대중매체를 통해 적극적으로 노출하고, 기회가 될 수 있는 큰 이벤트들을 살펴보며 신속하게 문건을 작성해 언론사와 접촉하면 된다. 큰 마케팅비용 없이 초기 사용자의 관심을 끌 수 있으며, 이를 통해서 진짜로 준비해 놓은 핵심활동에 참여(스냅의 경우 채팅참여)시킬 수 있다. 이것은 다소 일시적이며 고전적인 방법이이지만 마케팅 비용이 부족한 스타트업에 유용한 방법이다.

플랫폼에서 사용자의 적극적인 참여는 공급과잉 시대의 생존과 성장의 해법이다. 지금은 사용자의 적극적인 참여를 이끄는, 이른바 '참여를 만드는 기술'이 경쟁력이 되었다. 그리고 이 기술을 익힌 기업들은 다들 세계적인 기업이 되었다.

8
뉴스재킹((Newsjacking): 뉴스(News)를 납치(Hijacking)한다는 단어의 합성어로, 사람들의 관심을 끌 만한 뉴스를 낚아채 선제적으로 활용하는 마케팅 방법이다.

배달앱 점유율 2위인 요기요(딜리버리히어로스에스이)는 배달의민족(우아한형제들)과 멀티호밍(multihoming) 문제를 해결하기 위해 합병을 시도했지만 공정거래위원회의 결정으로 요기요를 매각해야 했다. 멀티호밍이란 사용자나 서비스 제공자가 여러 플랫폼을 동시에 사용하는 현상을 말한다. 새로운 플랫폼을 사용하는 장벽이 크지 않을 때 이런 현상이 일어나는데, 배달의민족을 이용하는 점주와 소비자는 요기요나 배달통, 쿠팡이츠 같은 다른 플랫폼도 동시에 활용한다. 사용자는 가격과 대기시간 등을 비교하여 가장 빠른 플랫폼을 선택하기 위한 것이고, 공급자(식당점주)는 되도록 많은 주문을 받기 위한 것이다. 업계 2위였던 요기요는 배달의민족 인수합병으로 멀티호밍 문제를 돌파하려고 했다. 쿠팡이츠는 점유율을 높이기 위해 적자를 감수하면서까지 '단건 배달' 서비스를 제공한다. 단건 배달이란 배달원 한 명이 한 집만 배달하여 빠른 배달을 보장하는 배달방식으로 빠른 배달을 원하는 사용자가 배달의민족이 아니라 쿠팡이츠를 사용하게 하는 원인이 되었다. 이에 위협을 느낀 배달의민족은 단건 배달을 하는 '배민1(One)'을 출시하면서 방어에 나섰다.

우버는 연속하여 일정 회 이상을 이용한 사용자에게 포인트를 지급하고, 사용자가 몰리는 피크타임에도 연락을 꾸준히 받는 운전자에게 보너스를 지급한다. 또 재방문율이 높고 사용시간이 오래될수록 혜택이 더 커지게 함으로써 이탈을 막고 있다. 국내 온라인서점의 초창기에 YES24는 구매에 따른 포인트를 제공했는데, 책을 많이 살수록 이후 구매 시 할인혜택이 주어져 고객이 다른 온라인서점으로 이탈하는 것을 방지했다.

비디오게임 산업의 경우 콘솔 제작자들이 멀티호밍을 막기 위해 게임 퍼블리셔[9]들과 독점계약을 한다. 케이블TV나 넷플릭스 같은 OTT서비스는 콘텐츠 독점계약을 통해 플랫폼 입지를 강화하고 사용자를 모은다. 아마존의 경우 판매자(셀러)에게 구매자의 주문을 대신 처리해 주는 서비스를 제공하는데, 아마존의 마켓플레이스를 사용하지 않는 경우 더 높은 수수료를 부과한다. 이는 판매자들이 아마존을 빠져나가지 못하도록 하는 정책이다. 쿠팡이 로켓와우 멤버십 회원에게 새벽배송을 제공하는 것, 롯데그룹에서 엘포인트를 계열사에서

9
게임을 개발하는 회사는 게임이 완성되고 마케팅해 줄 수 있는 회사를 통해서 서비스를 오픈하게 된다. 이렇게 개발된 게임을 마케팅해 주는 일을 하는 회사를 퍼블리셔라고 한다.

공통으로 적립하는 것 또한 멀티호밍을 방지하기 위한 로열티 정책이다.

이처럼 멀티호밍은 특정 영역의 플랫폼 산업이 성장하면 나타나는 전형적인 현상인데 이를 지키고 공격하기 위한 차별화 서비스도 치열하다. 독점한 플랫폼 입장에서는 멀티호밍이 없으면 좋겠지만 이는 산업의 성장에 따라 나타나는 자연스러운 현상으로 보아야 한다. 경쟁이 치열해져도 1위 플랫폼이 여전히 유리한 위치에 있겠지만 선두 플랫폼이나 후발 플랫폼 모두 어떻게 사용자 입장에서 더 나은 서비스를 제공할 것이냐, 어떻게 한번 맺은 고객과 장기적인 관계를 맺을 것이냐에 따라 사용자의 선택은 달라질 수 있을 것이다.

11장
성장의 스위트 스폿을 공략하라

플랫폼 기업이 가장 안전하면서도 도전적인 성장을 시작하는 방법은 '성장의 스위트 스폿'을 찾아 우선 공략하는 것이다. 스위트 스폿은 성공하는 성장방법 중에서 중복하여 언급되는 중요한 3가지 요소의 교집합이다. 스위트 스폿을 만드는 3가지 요소는 인터랙션, 오픈, 네트워크 효과이다. 이 3가지 요소는 국내외 거의 모든 성장했던 플랫폼에서 보여줬던 특성이라고 할 수 있다. 따라서 이미 계획하고 있는 실행방법 중에 이 3가지 요소를 포함하고 있다면 망설이지 말고 먼저 실행하면 된다. 3가지 요소는 각각 개별적으로 작동하지만 상호협력하여 시너지를 낸다. 또 강한 한 가지가 나머지 약한 사항

성장의 스위트 스폿

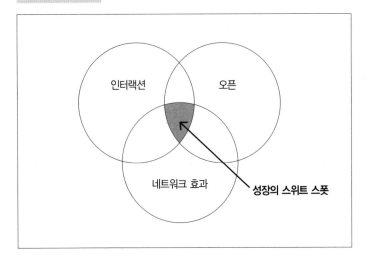

들을 촉진하기도 한다.

　처음부터 3가지 모두를 찾고 왕성하게 작동하기는 쉽지 않을 것이다. 3가지 중 한두 가지를 위한 후보를 발견한 후 나머지에 좋은 영향을 줄 것으로 예상된다면 성공적인 시작이다. 시행착오를 최소화하는 성장의 여정을 위해 성장의 스위트 스폿을 구성하는 3가지 요소를 간단하게 살펴보자.

인터랙션(Interaction)

플랫폼은 양면시장이다. 그래서 둘 사이에는 인터랙션, 즉 상호작용이 많아야 성공한다. 그렇다면 인터랙션을 어떻게 일으킬 것인가, 인터랙션을 어떻게 더 활발하게 만들 것인가는 플랫폼 성공의 중요한 질문이 된다.

틱톡, 인스타그램 같은 SNS는 앱에서의 댓글, 친구초대, 새글 등 개인화된 활동소식에 대해 앱을 열기 전에 시각적으로 알려준다. 앱 상단에 붉은색으로 알람 숫자를 표시함으로 인터랙션을 강화한 것이다. 또한 페이스북은 첫 화면에서 꾸준히 친구추천을 하고 있는데, 이는 사용자 간의 새로운 만남(인터랙션)을 만들기 위함이다. 당근마켓은 관심 키워드를 등록하면 해당 물건이 올라왔을 때 즉시 푸시 알림을 준다. 알림은 자연스럽게 참여자들의 인터랙션을 강화시킨다.

오픈(Open)

참여자가 많이 늘어나야 플랫폼도 성장한다. 이를 위해선 플랫폼의 참여가 오픈되어 있어야 한다. 즉, 복잡한 절차를 없애 최대한 플랫폼 참여의 문턱을 낮추어 더 많은 참여자를 끌어모아야 한다. 오픈은 참여자를 더 많이 끌어당겨 비즈니스를 더 크게 만들어주기 때문이다.

페이스북보다 더 빨리 개발된 싸이월드는 미니홈피를 무료로 제공하면서 고민도 늘어났다. 수익모델 때문이었다. 그에 따라 미니홈피 스킨, 배경음악, 폰트, 미니미 아바타도 꾸밀 수 있는 수익모델이 되었고 이런 디지털 아이템은 내부가 아닌 외부 파트너가 만들고 수익을 나누어 가졌다. 외부 파트너를 활용한 플랫폼의 오픈구조처럼 보이지만 사실 폐쇄적인 구조였다. 여전히 담당자의 오프라인 심사를 거쳐야 했고 참여하는 파트너의 수도 한정시켰다. 게다가 수익쉐어률도 파트너가 15~30%만을 가져가고 나머지는 싸이월드의 수익이었다. 지금 애플이나 구글의 모바일 스토어에서 파트너가 70%를 가져가는 것에 비하면 터무니없이 적은 비율이다.

성장이 정체되자 더 이상의 파트너가 불필요하다고 판단하여 추가적인 파트너의 참여도 제한했지만 지금 돌아보면 그것이 싸이월드의 성장을 가로막는 정책이었고 오픈을 잘못 이해한 것이다. 반면 개발 파트너를 오픈한 페이스북은 점점 더 성장했다. 페이스북은 참여자가 자유롭게 페이스북 기반으로 서비스를 개발하고 수익모델을 만들 수 있도록 오픈 API(Application programming Interface)를 제공했다. 그러자 페이스북을 더 재미있게 해주는 봉봉게임, 팜빌 같은 서비스가 전 세계적으로 인기를 얻었다. 오픈 정책이 만들어준 성장이었다.

네트워크 효과(Network Effect)

앞서도 강조한 것처럼 플랫폼의 성장과정에서 사용자가 늘어나는 것은 광고나 마케팅의 효과가 아니다. 플랫폼은 네트워크 효과로 성장한다. 물론 네트워크 효과를 일으키기 위해서 광고가 필요할 수도 있다. 그러나 진짜 성장은 사용자들 스스로 일으킨다.

비즈니스 SNS인 링크드인은 사용자가 적을 때에는 비즈니스 인맥을 위한 서비스였으나 비즈니스맨들이 더 많이 참여함에 따라 서비스의 가치가 높아져 채용 담당자와 헤드헌터들이 모여들었고, 헤드헌터가 많아지니 이직을 고려하는 비즈니스맨들이 더 많이 가입하게 되는 서비스 성장의 선순환이 만들어졌다. 링크드인의 고객들은 새로운 직장을 찾기 위해 다시 서비스를 사용하게 되는데, 링크드인은 별도의 마케팅 비용을 지출하지 않고 고객을 확보하는 효과를 얻게 된 것이다.

네트워크 효과는 자체 플랫폼 안에서만 이루어지는 것은 아니다. 외부의 플랫폼을 활용하여 매출이 성장한 팔당의 한 애견카페를 살펴보자. 이 카페는 매출하락으로 어려움을 겪다가 고객들이 쉽게 찾아오도록 입구에 간판을 설치하기로 했다. 하지만 간판 설치자의 권유로 간판 대신 매장 안에 예쁜 포토존을 만들었다. 이후 그 흔한 포토존이 카페의 보물이 된다. '넌 나를 행복하게 해'라는 글씨가 쓰인 포토존의 사진들이 방문객들의 SNS에 올라가면서 월 매출이 설치 전보다 12배나 오르게 된 것이다. 간판은 내 가게의 이름을 알리기 위한 수단이지만, 오프라인, 그것도 내 점포 근처에서나 효과가 있을 뿐 디지털 세상에서는 그다지 힘이 없다. 이에 반해 포토존은 오프라인은 물론이고 온라인에서도 '의미'를 부여하고 '가치'를 만들어준다. 포토존을 경험한 고객들은 자신의 SNS에 그 의미와 가치를 기록하고, 더 많은 사람에게 알리고 자랑했다. 이렇게 SNS에 올라온 게시물은 5,000개가 넘었고, 게시물은 매출을 올려줬다. 카페 주인은 자신이 직접 SNS 팔로워수를 늘려 자산을 축적하는 대신 남이 만들어놓은 SNS의 팔로워를 활용했다. 포토존을 처음 만드는 비용은 들었지만 SNS에 퍼지면서 방문한 손님이 다른 손님을 끌어왔다. 다녀간 손님들이 찍은 포토존 사진은 더 많은 방문자를 만들었다. 이는 전형적인 네트워크 효과이다.

네트워크 효과는 플랫폼을 성장하게 한다. 또한 고객확보 비용이 줄어드는 비용절감의 혜택을 얻게 된다. 이는 사용자들 스스로 사용자를 초대하고 추천하기 때문이다. 전통적인 기업들이 고객확보를 위해 꾸준히 비용을 지출하는 것과는 상반된 모습이다.

성장을 만드는
패턴

기업은 큰 투자예산으로 플랫폼을 도입하지만 기대만큼 만

족스럽지 않다. 오랫동안 일해오던 방식을 플랫폼 비즈니스
에 적용하거나 한꺼번에 너무 많은 일들이 진행되었기 때문
이다. 이런 경우 '성장의 스위트 스폿'에 해당하는 부분을 찾
아보는 것은 어떨까? 성장의 스위트 스폿이 모든 기업을 위한
만능해결사는 아니지만 성장이 이루어지는 패턴임에는 분명
하다. 세 가지를 동시에 시작할 수 없다면 가장 필요한 것 하
나를 골라 먼저 시작해 보자. 그리고 이것을 방해하는 요소가
무엇인지 찾아내서 해결하는 것으로 성장의 스위트 스폿에
접근하는 것도 좋을 것이다.

뉴스윈픽
스위트 스폿을 찾아낸 기업들

종류	구성요소	적용	설명
유튜브	인터랙션	상	- MCN 채널 사업을 통해 크리이에이터를 양성함으로써 영상을 통해 시청자와 채팅하기, 댓글쓰기, 선물하기 인터랙션이 증가함
	오픈	상	- 공개된 조건에 충족한 크리에이터는 누구든지 수익쉐어를 받을 수 있도록 함 - 크리에이터가 스스로 홍보하고 채널 방문을 유도함
	네트워크 효과	상	- 크리에이터들이 많아질수록 시청자가 늘어남. 늘어난 시청자 때문에 다시 새로운 크리에이터가 늘어나는 현상이 발생함
	스위트 스폿		- 많은 크리에이터를 양성하고 전문화하여 성공사례를 만들도록 하는 것
페이스북	인터랙션	상	- 사용자가 글이나 사진을 올리면 친구가 글에 대한 댓글을 남기고 달린 댓글을 알림으로 다시 확인 - 유명인이 참여해 친구신청을 하거나 팔로우가 늘어남
	오픈	상	- 개발자들이 페이스북을 활용하며 프로그램을 만들 수 있도록 오픈 API를 제공함으로써 게임, 영상, 쇼핑 등 콘텐츠가 다양해짐
	네트워크 효과	상	- 친구가 생기면 친구 때문에 사용하고 다른 친구를 초대하여 소식을 남김 - 많아진 친구들 때문에 다른 친구들도 자발적으로 참여하게 되는 현상이 발생함
	스위트 스폿		- 인기있는 사람(스타, 반장, 회장)과 브랜드 활동을 지원하면서 메타버스 플랫폼으로 확장하는 것

링크드인	인터랙션	상	- 업계 지인과 비즈니스 소식을 공유함 - 채용 담당자와 전문가의 구인구직 활동이 일어남 - 연관된 분야의 사업제휴 활동이 일어남
	오픈	하	- 기업이 구매 책임자를 대상으로 타깃마케팅을 할 수 있도록 확장함 - 커머스 영역에 대한 확장 시도를 함(예: 링크드인에서의 〈빅이슈 매거진〉 판매)
	네트워크 효과	상	- 채용 담당자가 늘어나면서 구직자들도 많아지고 부가적으로 비즈니스 관련자들의 사업제휴 활동이 활발해짐 - 헤드헌터가 많아지니 이직을 고려하는 비즈니스맨들이 더 많이 가입하고 이 때문에 또다른 헤드헌터가 가입하는 현상이 발생함
	스위트 스폿		- 기업, 브랜드 등 비즈니스 활용도를 높여주는 참여자와 파트너를 늘리고 성과를 내도록 지원하는 것
야놀자	인터랙션	상	- 모텔을 검색하고 비교하여 예약하는 것에서 예약 대상이 펜션, 호텔, 기차, 비행기 등으로 활발해짐
	오픈	중	- 예약이 필요한 업종으로 예약 시스템을 확장하고 이것을 내부 API로 연결함
	네트워크 효과	중	- 모텔 예약을 위해 들어온 사용자가 많아지니 다른 예약을 위한 파트너사들이 연결되고, 이 때문에 사용자가 더 많아져 더 저렴한 공동구매나 상품들이 출시되어 또다른 사용자가 들어옴
	스위트 스폿		- 예약 활동이 왕성한 사용자를 지원하고 예약 가능한 업종을 유아부터 노년까지 가능하도록 하는 것

당근마켓	인터랙션	상	-중고물품을 사거나 팔 수 있기 위한 Q&A가 활발하게 되고 구매 후에는 구매 관련 평가를 함 -중고물품 거래는 동네 사람들을 연결시키는 커뮤니티 활동으로 발전하게 됨
	오픈	하	-동네 소상공인이 직접 만 원 안팎으로 손쉽게 동네 광고를 할 수 있도록 함
	네트워크 효과	상	-중고거래 상품이 늘어나니 구매자들이 중고물품이 필요할 때 수시로 들어오게 됨 -동네 사람들이 늘어나자 동네에서 할 수 있는 커뮤니티 활동으로 확장되어 매일 방문하게 됨
	스위트 스폿		-동네 사람들이 마음 놓고 활동할 수 있도록 신뢰, 평판 시스템을 발전시키고 참여자들을 늘리기 위해 해외 등으로 지역을 확장하는 것

12장
핵심지표를 찾아내라

플랫폼은 처음에는 작은 마을처럼 운영되지만 참여자와 규모가 커지면 도시나 국가를 운영하는 것처럼 그 방식이 바뀐다. 이쯤 되면 돈을 버는 것 이상의 막중한 자부심과 사명감까지 생겨난다. 하지만 이것도 사람들이 모여 상호작용하며 성장해야 가능한 일이다. 사용자의 참여로 성장하고 시장에서 영향력을 가지려면 성장과정을 알게 해주는 핵심지표가 필요하다. 지표는 기업의 나침반이 되기 때문이다. SK, CJ, 롯데, 삼성, LG 등 국내 전통 기업들은 KPI(Key Performance Indicator)[10]를 설정하여 회사의 목표를 정하고, 이것을 보상과 연결했다. KPI는 매출 같은 최종 성과를 위해 탑다운(Top-down) 방식으로 목표를 수립한다. 매출 목표를 우선 정한 후 각 하위 부서는 목표를 나누어 가지는 방식이다. 이것은 제조업 중심의 전통 기업에는 유용했을지 몰라도 플랫폼 기업, 혹은 플랫폼으로의 변신을 꾀하는 프로젝트팀에는 적합하지 않다.

페이스북이 찾아낸
'10일 그리고 7명'

전통 기업은 현금흐름, 재고, 영업이익, 회전율 등을 핵심지표로 가져간다. 하지만 이러한 내용을 플랫폼 기업에 적용하기는 힘들다. 플랫폼의 핵심지표는 사용자들의 활동성이기 때문이다. 활동성이 일어나면 매출과 이익의 상승 등 성장의 기회가 생기는데, 이때 이 활동성이 연속으로 일어나는지, 일시적으로 일어나는지에 따라 성장 가능성을 예측해 볼 수 있다.

구매자와 판매자가 만나는 상거래 플랫폼에서는 리뷰나 장바구니 담기와 같은 행동이 활동수가 된다. 소셜 네트워크 플랫폼에서는 친구신청 수, 거절과 수락 수이다. 매출이 발생하

10

KPI(Key Performance Indicator): 핵심성과지표. 목표를 성공적으로 달성하기 위해 핵심적으로 관리해야 하는 요소들에 대한 성과지표를 말한다. 1960년대 맥킨지 컨설팅에서 개발되어 다듬어져서 사용되어 왔고 국내에서는 1990년대 말부터 전통 기업을 중심으로 사용되는 관리지표이다. 즉, 제조 중심의 산업에서 사용되던, 현재 미국의 플랫폼 기업에서는 사용하지 않은 지 오래된 지표이다.

기 시작된 기업이라면 당연히 매출도 지표에 포함된다. 핵심 활동과 매출이 연결되기 때문이다.

사용자가 10일 이내에 최소한 7명의 친구를 만들게 되면 재방문 확률이 높아진다는 것을 알게 된 페이스북은 신규 사용자가 가입했을 때 10일 안에 7명의 친구를 만드는 것을 핵심지표로 정하고 사내의 모든 역량을 모았고 그 결정은 성장을 만들었다. 협업 툴 슬랙(Slack)의 핵심지표는 '팀 내에서 메시지 교환하는 횟수가 2,000개'였고, 클라우드 저장서비스 드롭박스(DropBox)는 '한 기기, 한 폴더에 파일 1개 저장'이었다. 소셜네트워크 게임 징가는 '가입 하루 뒤 사용자가 재방문하도록 하는 것'을, 트위터는 '다른 사용자 30명 팔로우'를 핵심지표로 잡았다. 그리고 싸이월드는 오픈 후 '100명의 1촌 맺기'를 핵심지표로 잡고 1촌이 100명을 넘을 경우 1만 원의 현금을 지급하는 이벤트를 했다. 이들은 이렇게 핵심지표를 정하고 그것을 위해 모든 리소스를 집중한다. 페이스북의 경우, 10일 안에 3명의 친구밖에 추가하지 못해도 계속 사용하기도 하고, 3일간 친구 12명이 생겼어도 사용을 중단하는 예외적인 사항도 있었지만 한 개의 명확한 핵심지표를 제시하는 것은 회사구성원 전체가 명확하고 의미있는 '목표'에 집중할 수 있도록 해주었다.

성장단계에 따른
핵심지표 찾기

핵심지표는 기업의 성장단계에 따라 변한다. 페이스북은 초기단계에서는 '10일 안에 친구 7명 만들기'가 핵심지표였으나, 전 세계 사용자가 접속하는 서비스가 된 이후에는 번역엔진의 품질 및 활용도, 그리고 페이스북을 이용하는 광고주의 숫자를 중요한 핵심지표로 두고 있다.

플랫폼 성장의 초기단계에서는 핵심지표를 회원가입 숫자가 아니라 활동성으로 정한다. 가입자는 활동성으로 이어지는 시작점이기에 중요하지만, 가입자가 핵심지표로 정해지면 허수(일회성 가입자 등)가 생긴다. 그래서 '가입자의 활동성 증가를 위해서 어떻게 해야 할지'에 대한 접근이 필요하다. 따라서 총가입자 대비 활성사용자 비율이나 가입자에서 활성사용자로의 전환율 같은 지표가 핵심지표가 된다.

반면 성장단계에서의 핵심지표는 양면 네트워크의 정상작동 정도를 보게 된다. 그래서 '가입자가 많은지 이탈자가 많은지' '매칭의 실패가 많은지 성공이 많은지' '신규 유입(구매)이 많은지 재방문(재구매)이 많은지' 등을 측정하는 지표가 필요하다. 이러한 지표는 플랫폼의 질적인 성장을 나타내며, "참여자들이 계속 플랫폼 참여에 만족하고 있는가?"에 대한 답을 준다. 1억 명이 넘는 서비스를 운영했던 스냅의 CEO 클리프 러너(Cliff Lerner)는 핵심지표에 대해서 다음과 같이 말한다.

"정말 중요한 지표는 3가지뿐이다. 차별화된 강점(Unique Selling Proposition), 순추천지수(Net Promotion Score) 그리고 사용자유지율(User Retention)이다. 3가지 지표만으로도 상품이 부진한 이유와 개선점에 대해서 알 수 있게 된다."

측정이 목표가 되면
측정하지 못한다

플랫폼의 활성화와 성장을 확인하는 지표를 선택할 때 위험한 것은 측정지표를 잘못 선정하는 것이다. 경영자들은 매출과 이익에 관심이 크기에 자칫 매출이 측정지표가 될 수 있다. 매출과 이익이 기업을 평가하는 최종지표이기는 하지만 그것은 플랫폼에서 발생하는 일의 일부분만 보여줄 뿐이다. 특히 매출이 측정지표가 될 수 없는 이유는, 겉으로 드러나는 현상과 실제가 다를 수 있기 때문이다. 예를 들면, 실제로는 사용자의 재방문율이 떨어지고 있는 위험한 상황이지만, 프로모션이나 할인과 같은 방법으로 매출을 끌어올리면 얼마든지 지표를 건강하게 보이게 할 수 있다. 그러나 이것은 프로모션과 할인이 끝나면 금세 본 모습을 드러낼 일시적인 거품에 불과하다. 그래서 플랫폼에서는 매출과 이익보다는 얼마나 많은 사람이 참여하는지, 그리고 참여자들이 얼마나 만족하는지 같은 것들이 성장을 말해 준다.

이런 현상은 우리의 일상생활에서도 자주 보인다. 얼마나 지적인 발전이 있는가 보다는 몇 권의 책을 읽었느냐를 더 신경 쓴다. 영어실력이 얼마나 늘었느냐 보다는 학원 출석일수를 중요하게 생각한다. 학원을 간 횟수가 많다고 해서 실력까지 좋아졌다고는 장담할 수 없다. 굿하트의 법칙(Goodhart's Law)은 이런 점을 잘 설명한다. 영국의 경제학자 찰스 굿하트(Charles Goodhart)는 "측정이 목표가 되면 측정하지 못하게 된다"고 했다. 측정은 큰 그림에 맥락을 부여할 때만 유용하다. 숫자 하나하나는 전체 속에서 피드백 받은 조각들일 뿐이다.

레모네이드의 특별한 성장법

보험회사라는 단어를 검색하면 사람들은 이런 이야기를 한다. 바가지, 믿지 못할, 사기꾼, 상대하고 싶지 않은…. 하지만 보험 플랫폼 '레모네이드'는 정반대이다. 특별하다, 유쾌하다, 사회적으로 영향력이 있다, 믿음, 사랑이라는 단어는 모두 이 회사에 붙어 있는 애칭들이다. 레모네이드는 '보험 + 데이터 + 인공지능 + 사용자 만족' 플랫폼이라고 할 수 있다.

특별한 성장법

레모네이드는 CEO부터 회사의 모든 구성원이 다음과 같은 지표를 모니터링한다.

고객수

1인당 보험료

매출(In force premium) = 고객수 × 1인당 보험료

이 특별하지 않은 지표를 두고 레모네이드의 CEO 다니엘 슈라이버는 회사의 성장상태를 볼 수 있는 간단하면서도 중요한 지표라고 말한다. 레모네이드의 고객은 1회 보험료를 내

는 것으로 끝나지 않는다. 정기구독처럼 어떤 보험은 1년, 어떤 보험은 평생을 월 1회 지출한다. 그런 이유 때문에 고객수와 1인당 보험료의 변화는 회사의 건정성을 충분히 나타내준다. 다니엘 슈라이버는 회사 성장을 위해 중요한 지표는 딱 3가지라고 단언한다.

레모네이드는 주택보험 시장을 시작으로 현재 반려동물, 생명보험, 자동차보험 분야로 지속적인 성장을 하고 있는 중이다. 다음의 4가지는 레모네이드의 특별한 성장이 가능한 이유이다.

1. 생애 첫 보험 가입자

레모네이드의 고객 중 90%는 다른 보험회사에서 옮겨온 고객이 아니라 생애 첫 보험에 가입한 신규 고객이다. 생애 첫 보험 가입자를 만나서 이들이 만족하도록 서비스를 제공하고, 고객이 나이가 들어감에 따라 새로운 보험의 영역(자동차, 주택, 자녀, 교육, 레저 등)이 필요할 때도 레모네이드를 선택하도록 돕겠다는 것이 레모네이드의 성장 계획이다. 이런 계획은 고객들이 필요한 서비스를 받을 수 있도록 해준다. 지금의 고객이 또한 미래의 고객이 되는 것이다.

이것이 기존 보험을 옮기도록 하는 전통 보험회사와의 차별점이다. 기존 보험회사는 고객을 이동시키는 것에 초점을

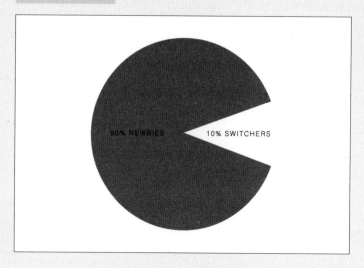

두고 광고를 한다. 이것은 '자동차보험 회사를 옮기면 약 5% 의 비용이 절감된다'라는 광고가 소셜미디어에 흔한 이유다. 하지만 레모네이드는 첫 고객에 집중하는데 이렇게 되면 유리한 것이 있다. 바로 성장하는 방식이다.

기존 고객에 집중하고 기존 고객을 통한 추천이 시작되면 새로운 보험상품 고객을 확보하는 비용이 '0'인 동시에 1인당 보험료도 더 높아진 것이 된다. 기존 고객이 성장의 동력(추천 과 높은 비용으로 전환)이 되면서 마케팅 비용은 제로(앱으로 가입 자를 모집하고 기존 고객이 새로운 상품의 고객이 됨)에 가깝게 된다. 그리고 시간이 갈수록 이 모델은 더욱 견고해진다. 물론 고객들이 계속 서비스에 만족한다는 전제이다. 전형적인 플랫폼 기업의 성장방식이라고 할 수 있다.

2. 데이터기반 분석

레모네이드 판매의 핵심은 확률이론에 기반한다. 통계적인 알고리즘은 얼마나 많은 보험청구를 고객이 하게 될지를 예측한다. 데이터가 많을수록 더 정확한 예측이 가능하다. 이것은 보험료 책정과 지급에 영향을 주고 기업의 경쟁력을 높이는 데에 이른다. 레모네이드는 계약시부터 고객의 데이터를 수집하는데 가입시 고객의 표정이나 주의 집중도, 보험상품에 대한 관심도까지 데이터화된다. 이는 기존 보험업계에서는 없는 정보가 된다.

데이터 수집의 역할은 마야(레모네이드의 인공지능 채팅봇)가 담당한다. 가입시 13개의 질문을 통해 수집된 데이터는 1,600가지로 분류되어 보험사가 필요한 데이터로 저장된다. 상담을 통해 수집된 데이터를 기반으로 보험청구와 연관성을 분석하고 필요한 비용을 절감해 줄 뿐만 아니라 고객 만족으로 이어져 유지율과 추천율을 높여준다.

레모네이드는 이런 데이터를 기반으로 기존 보험회사가 비슷하게 분류하는 모형을 더 세분화했다. 이 세분화된 분류로 보험청구의 가능성에 600%나 차이가 날 수 있다는 것도 알게 되었다. 창업자는 이를 두고 마치 현미경으로 혈액을 보는 것과 같다고 비유했는데, 예전에는 그냥 혈액(고객)이었던 것이 현미경을 통해 미생물(세분화된 고객 성향)이 있다는 것을 알게 된 것과 같다고 설명했다. 지난 수백 년 동안 성장한 보험회사에서는 이런 것이 없었다. 그간에는 데이터를 확보하되 큰 분류로만 가지고 있어서 고객의 행동을 예측하기에는 부족함이 있었다. 이런 데이터 부족은 보험회사가 중요하게 갖춰야 할 위험관리가 취약하다는 의미이기도 하다. 즉, 21세기에 잘 나갈 보험회사는 21세기에 만들어진 보험회사가 될 가능성이 높다는 뜻이다.

3. 통합 데이터기반 예측

데이터가 중요한 경쟁력이라는 것은 의심의 여지가 없다. 하지만 처음부터 통합적으로 만들어진 시스템이 없다면 그 엄청난 데이터의 힘은 발현되기 어렵다. 레모네이드는 이를 위한 하나의 시스템을 가지고 있다. 이 단일화된 시스템을 통해 고객과의 인터랙션, 마케팅, 불만, 고객지원, 판매의 모든 영역에서 활용하고 있다. 통합된 데이터를 인공지능이 분석하고 모두가 이것을 기반으로 활용해야 하기 때문이다. 데이터는 수집도 중요하지만 결국 그것을 어떻게 활용하느냐에 따라 경쟁력이 달라진다.

레모네이드는 이사 문제로 동일한 상담이 많아지자 이를 인공지능 챗봇으로 대체함으로써 자동화했다. 그리고 고객응대 방식의 시간을 엄청나게 줄였다. 인공지능 알고리즘을 통해 해결한 고객문의는 2018년 단 6%에서 2020년 이후 33%까지 차지하게 되었으니 말이다.

4. 머신러닝을 통한 학습

레모네이드가 놀라운 것은 성장률과 보험 손실률 감소를 동시에 이루어내고 있기 때문이다. 이것은 기존 보험회사들이 해내지 못했던 성과이다. 레모네이드의 약정담당 임원은 전통적인 보험 비즈니스는 인간의 기질을 바탕으로 만들어졌고, 레모네이드는 디지털기반으로 데이터를 계속 배우면서 발전하게끔 설계되었기 때문이라고 설명한다.

인공지능의 한 분야로 간주되는 머신러닝은 데이터를 바탕으로 학습하고 패턴을 찾을 수 있게 한다. 이러한 데이터기반의 기업운영은 전통적인 보험회사에서 어쩔 수 없다던 손실률(홍수, 가뭄, 사고 등)을 줄여주었다. 고객에게 100이라는 금액을 받았을 때 얼만큼이 보상청구로 지출되느냐는 경영에 있어서 관리할 핵심지표이다. 레모네이드는 총 손해율이 2017년과 비교하여 296%나 좋아졌다고 말한다. 이것은 곧 서비스 품질을 높이면서도 수익성을 높여주는 결과가 되었다. 레모네이드의 머신러닝 시스템은 구축비용은 들었겠지만 이후 사업운영 비용을 절약해 주면서 수익과 고객 만족도를 높여 주는 순환고리를 완성한다.

레모네이드는 미래의 아마존이 될 것인가?

보험업은 글로벌 5조 달러의 거대한 시장이다. 시장점유율이 4%만 되어도 포춘 100대에 포함될 정도의 시장에 도전하고 있다. 레모네이드를 보면 사업의 구조와 CEO의 생각이 아마존을 연상시킨다. 기존 산업을 파괴하여 혁신한다는 점과 고객만족을 통해 시작된 비즈니스 모델이 성장의 연결고리를 만든다는 점에서 그렇다. 2022년 2월 실적발표자료에 따르면 레모네이드의 매출은 전년대비 100% 성장했다. 또한 2022년에는 디지털보험 플랫폼 '메트로마일'과의 합병이 완료되어 지속적인 성장이 가능할 것으로 예상된다. 유통산업이 아마존으로 인해 파괴적 혁신을 당하듯이 보험산업도 레모네이드에게 파괴적 혁신을 당하고 있는 중이다.

13장
프리미엄 서비스로 유료화하라

구글 미트(Google Meet)가
유료화하는 방식

인터넷 세상에서 가장 권위있는 사상가 중 한 사람인 크리스 앤더슨(Chris Anderson)은 그의 책 〈프리(Free)〉를 통해서 '공짜경제를 피할 수 없는 현실로 간주하고 이 시대에 살아남을 수 있는 창의적인 대안들을 마련하라'고 강조한다. 특히 기본적인 기능은 공짜버전으로 제공하되, 일부 고급기능을 유료화하여 수익을 내는 프리미엄(Freemium=Free+Premium) 모델의 중요성을 강조한다. 하지만 프리미엄 모델이 세계적인 권위자를 통해 제시되기 전 2000년대 초 한국에서는 이미 공짜

경제에 따른 부분 유료화 정책을 실행하고 있었다. 넥슨의 카트라이더 같은 게임이나 싸이월드 미니홈피에서는 부분 유료화 또는 프리미엄 서비스라는 이름으로 플랫폼에 적용해 성과를 내고 있었다. 실제로 〈프리〉에서는 한국의 게임 부분 유료화를 성공적인 사례로 제시하기도 했다. 이러한 방식은 지금도 여전히 플랫폼 기업이 수익모델에 접근하는 검증된 방식이다.

구글은 그간 무료로 제공하던 화상회의 솔루션 구글 미트(Meet)를 2021년 7월 유료화했다. 1 대 1 영상통화는 무료지만 3인 이상 사용시 이용시간을 1시간으로 제한하는 방식이다. 구글의 업무협업 툴 구글 워크스페이스(Workspace)를 결제해야 사용할 수 있게 변경된다. 구글 포토도 2021년 6월 무료 서비스를 중단하고 유료화했다. 오픈 이후 6년간 무제한 무료정책을 이어왔으나 무료제공 용량을 15GB로 제한했다. 15GB 이상의 데이터 보관을 위해서는 월 이용료를 지불해야 하는 것이다.

프리미엄 서비스로 연결하는
3가지 접근법

프리미엄 서비스는 무료 서비스가 활성화됨에 따라서 매출이 자연스럽게 같이 높아지는 구조로 디자인된다. 이런 연결된 구조는 플랫폼의 폭발적인 성장을 위한 조건이 된다. 수익모델이 없다면 서비스 사용자들은 많아져도 성장을 위한 인력과 IT인프라로의 투자는 주저하게 되기 때문이다. 주체하기 힘든 빠른 성장은 플랫폼 기업에 좋은 일이지만 비용만 늘어나게 된다면 반가울 리 없다. 따라서 본격적인 성장을 즐기려면 사용자 참여가 증가함에 따라 프리미엄 서비스로의 연결이 원활하게 이어져야 한다. 무료 서비스와 프리미엄 서비스의 자연스러운 연결을 위해서 다음과 같은 3가지로 접근할 수 있다.

첫째, 무료로 접근하고 프리미엄 서비스로 유도

이 방법은 앞서 설명한 것처럼 2000년대부터 한국의 인터넷기업에서 훌륭하게 적용한 세계적인 접근법이다. 정보와 재미를 제공하거나 커뮤니케이션이 중심이 되는 플랫폼에서 주로 사용한다. 서비스에 대한 사용 몰입도가 높아질수록 프리미엄 서비스로의 전환이 자연스러워진다.

라인(LINE)은 디지털상품을 수익모델로 만들었다. 서비스 사용은 무료이되 메시지에 들어가는 이미지 스티커 같은 부가적인 것이 유료로 제공되는 프리미엄 서비스가 되었다. 메타버스 플랫폼 위버스(Weverse)도 가입 후 기본사용은 무료지만 아티스트를 구독하는 것은 유료상품으로 사야 하고, 포트

나이트(Fortnite) 게임에서는 아바타는 공짜로 사용할 수 있지
만 스킨이라 불리는 패션용품과 특정 댄스동작을 할 수 있는
능력은 유료화화면서 수익모델을 설계했다.

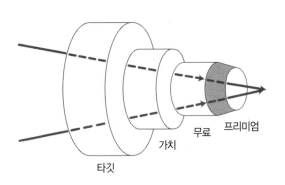

타깃
가치
무료 프리미엄

타깃 누구를 대상으로 할 것인지. 핵심고객과 핵심고객의 성향별, 인구통계
학적 분류가 된다.

가치 타깃 사용자들에게 주는 가치. 플랫폼의 가치는 무료 서비스와 프리미
엄 서비스를 디자인하는 중요한 기초가 된다. 관계만들기, 뽐내기, 커뮤니케
이션하기, 경쟁하기, 가장 싼 제품 사기 등이 제공하는 가치가 된다.

무료 타깃 사용자가 느끼는 가치를 디지털 서비스 형태로 제공하는 것. 메
일, 게시판, 게임, 영화, 만화, 중고거래를 위한 서비스들이 여기에 해당한다.

프리미엄 무료 서비스를 더 잘 활용할 수 있는 유료 서비스. 프리미엄 서비
스는 무료 서비스를 활용하는 데 지장을 주지 않지만 프리미엄 서비스를 사
용하면 활용도가 높아진다.

카카오페이지는 이런 방식을 조금 다르게 적용했다. 콘텐츠를 바로 보고 싶으면 돈을 내야 하지만 1주일을 기다리면 1회차 이용권을 자동 충전해 주는 '기다리면 무료' 서비스가 그렇다. 카카오페이지는 이 서비스를 출시하자마자 매출이 한 달 만에 2배 이상 급등했다고 발표했다. 무료와 프리미엄 서비스를 창의적으로 접목한 덕분에 가입자와 거래액이 동시에 늘었고, 지금도 약 4,000여 개의 콘텐츠에 '기다무(기다리면 무료)'가 적용되고 있다.

앞선 사례처럼 성공이 검증된 프리미엄 서비스들의 적용방법을 보면 한국이나 미국 구별없이 전 세계적으로 공통된 성공공식을 찾을 수 있다. 타깃, 제공하는 가치, 무료 서비스, 프리미엄 서비스 4가지 항목들의 연결이 명확했다는 것이다. 무료로 접근한 사용자들을 자연스럽게 유료로 접근하도록 설계한 것이 핵심이다.

둘째, 유료결제를 위한 무료 서비스 제공

플랫폼의 수익모델 자체가 유료 서비스이지만 서비스 경험을 위해 한시적으로 서비스를 제공하는 경우도 있다. '구독서비스'에서 주로 사용하는데, 제품생산에 추가비용이 들어가지 않는 디지털 콘텐츠 플랫폼이기에 유리한 모델이다. 디지털 제품의 한계 생산비용은 '0'에 가깝기 때문이다. 이때 무료 서비스는 유료 서비스를 위한 마케팅 수단이다. 넷플릭스의 경우 한 달간 무료로 시청할 수 있으나 이후에는 유료 서비스로 자동 전환된다. 전통 기업이 구독가입자를 확보할 때도 같은 방식으로 접근한다. 무료로 제공되는 뉴욕타임즈 뉴스를 위해서 가입을 하면 일정량의 기사를 볼 수 있지만, 이후 유료가입을 해야 기사를 볼 수 있다. 이런 방식으로 뉴욕타임즈는 2021년 말까지 디지털 가입자 760만 명(종이신문 가입자 80만 명)을 확보하였으며, 2025년에는 전 세계 유료 가입자가 천만 명이 될 것으로 전망한다.

셋째, 프리미엄 서비스와 광고상품 활용

앞의 두 접근방식이 일반 사용자에게 직접적인 구매를 유도하는 방식이었다면, '프리미엄 서비스와 광고상품'은 일반 사용자에게는 완전한 무료 서비스를 제공하고 기업고객에게는 광고상품을 프리미엄 서비스로 제공하는 것이다. 개인 사용자들은 무료 서비스를 사용하고 이들에게 접근하려는 기업에는 사용자의 나이, 성별과 성향에 맞춰 사용자를 매칭하는 광고상품을 제공한다. 이런 경우에는 규모의 경제를 이루기까지 수익 없이 성장해야 하는 단점이 있다. 그러나 규모의 경제를 넘어서는 임계점(Critical Mass)을 지나면서 서비스 활성화와 수익이 연결되어 폭발성장의 조건을 갖추게 된다. 대표적인 예가 페이스북이다.

인스타그램, 페이스북, 와츠앱을 운영하는 페이스북은 사용자 데이터를 기반으로 타깃팅 광고상품을 판매한다. 사용자들은 무료로 서비스를 사용하지만 그 대가로 개인의 성향 정보를 페이스북이 사용한다. 페이스북에서는 전통 기업부터 개인까지 누구나 돈을 내면 자신의 제품이나 서비스 등을 광고할 수 있다. 이때 성별, 나이, 위치, 관심사 등의 설정을 통해 자신의 제품이나 서비스를 구매할 만한 가입자를 타깃으로 설정하여 광고를 노출하게 된다. 페이스북 수익금의 97.2%(2021년 기준)가 이 같은 광고상품에서 나온다.

지역 중고거래 사이트인 당근마켓도 일반 사용자들은 별도의 수수료를 내지 않고 무료로 거래할 수 있다. 수익은 페이스북과 같은 타깃광고에서 발생한다. 정확한 광고수익은 발표하지 않았으나 닐슨코리아에 의하면 사이트를 통한 물품거래액이 약 1조 원(2020년 기준)일 정도로 서비스 사용이 활발하다. 이 정도의 거래가 활성화되어 있다면 광고상품은 물론 앞서 소개한 방식으로 수익모델 시도가 가능할 것이다. 당근마켓은 현재 중고거래 서비스를 넘어 지역 플랫폼으로 성장하고 있다.

무료와 프리미엄의
연결고리가 핵심

플랫폼의 폭발성장은 수익과 연결될 때 가능하다. 즉 무료 서비스와 프리미엄 서비스가 자연스럽게 연결되어야 한다는 얘기다. 무료는 서비스의 가치에 동의하는 사용자를 끌어들이는 도구이고 프리미엄 서비스는 그 가치를 기반으로 수익을 창출하게 해준다. 따라서 무료 서비스가 사용자들의 자발적인 참여를 유도해서 활성화되고 있다면 프리미엄 서비스와 연결되도록 해야 한다. 최근에는 무료와 프리미엄의 접근방식이 발전하여 플랫폼 초기부터 유료 서비스로 연결하는 구독형 모델이 스타트업과 거대 글로벌 플랫폼 기업 모두에게 매력적인 비즈니스 모델이 되고 있다.

'별풍선'과 '슈퍼 땡스'

2021년 유튜브는 크리에이터의 수익을 다양화하기 위한 방법으로 슈퍼 챗, 슈퍼 스티커에 이어 '슈퍼 땡스(Super Thanks!)'라는 기능을 전 세계 68개국에서 순차적으로 오픈 하였다. 유튜브 '슈퍼 땡쓰'란 영상 시청자가 크리에이터에게 감사의 의미로 'Thanks' 버튼을 눌러 구매하면 영상에 풍선이 날라가는 애니메이션이 보이고 후원한 금액이 표시된 상태로 댓글을 작성할 수 있는 유료 상품이다. 금액이 표시된 댓글은 일반적인 댓글보다 강조된 배경색으로 하이라이트로 표시되어 시청자가 방송 중 관심을 받을 확률을 높여주는 것이다. 이전에 오픈한 '슈퍼 챗'과 '슈퍼 스티커'가 라이브 스트리밍에만 후원할 수 있었다면 '슈퍼 땡스'는 VOD 영상에도 후원이 가능하다는 차이가 있다. 하지만 국내 인터넷 사용자들에게는 이렇게 길게 '슈퍼 땡스'를 설명하는 것보다 간단히 아프리카TV '별풍선'과 유사한 것이라고 설명하는 것이 쉽다. '슈퍼 땡스'는 2007년 아프리카TV가 개발한 수익모델인 '별풍선'과 똑같기 때문이다.

그렇다면 유튜브가 아프리카TV의 수익모델을 벤치마킹한 것일까? 정확히 언급된 바는 없으나 분명한 것은 유튜브와 아프리카TV의 수익모델은 모두 무료로 접근하고 프리미엄 서비스로 유도하는 플랫폼의 수익모델 접근법이라는 점이다. 개인방송에 참여하는 시청자들은 방송진행자에게 호감이나 감사의 마음이 생기게 되면 자발적으로 '슈퍼땡스'와 '별풍선'을 구매하여 선물하게 된다. 앞으로도 유튜브의 '슈퍼땡스'와 같은 수익모델은 더 창의적인 방법으로 발전될 것이다. 이미 검증된 방식을 전 세계 사용자에게 적용하며 피드백을 받고 있기 때문이다.

슈퍼 땡스와 별풍선의 프리미엄 서비스 접근법

구분	유튜브 슈퍼 땡스	아프리카TV 별풍선
오픈	2021년 7월	2007년 11월
타깃	크리에이터의 방송을 보는 시청자	BJ의 방송을 보는 시청자
가치	관계만들기, 주목받기, 감사표현하기	관계만들기, 주목받기, 감사표현하기
무료	크리에이터의 실시간 또는 VOD 영상을 시청하면서 댓글이나 채팅	BJ의 실시간 또는 VOD 영상을 시청하면서 댓글이나 채팅
프리미엄	슈퍼 땡스를 구매하여 선물 (2/5/10/50달러, 1일한도 500달러)	별풍선을 구매하여 선물 (1개 110원, 1일한도 100만 원)

유튜브 공식 블로그의 슈퍼땡스(Super Thanks!) 소개그림

출처 : http://blog.youtube

14장
구독 관계를 맺어라

프리미엄 서비스로 접근하는 수익모델 접근법은 사용자 증가와 수익증가를 연결해 폭발적인 성장의 동력이 된다. 물론 무료 사용자 중 일부가 유료 사용자가 되기에 무료로 이용하는 사용자가 일정수준 이상이 되어야만 가능한 이야기이다. 든든한 투자자가 없다면, 일정수준의 무료 사용자를 모으기까지 불확실성 속에서 마음고생을 해야 한다. 하지만 '구독경제'라는 새로운 흐름은 이러한 오래된 공식을 바꾸어놓았다. 구독경제(Subscription Economy)란 '일정 금액을 내고 정기적으로 제품이나 서비스를 받는 것'을 통칭하는 경제용어이다.

구독경제는 국내에서는 음악서비스인 멜론, 벅스, 엠넷 등에서 정액제라는 이름으로 이미 오래전에 시작된 모델이다. 최근에는 애플의 애플원(Apple One)이나 카카오의 구독ON 같은 거대 플랫폼 기업부터 기저귀, 꽃, 간식, 장난감을 판매하는 스타트업까지 구독모델을 속속 도입하고 있다. 이런 상황에서 새삼 구독경제가 주목받는 이유는 음악처럼 특정 산업 분야에만 적용되던 방식이 그간 유료로 구입해서 사용하던 모든 생활용품으로 확장되고 있기 때문이다.

구독경제는
애플과 카카오에게만 기회일까?

구독경제는 기업에게 2가지 관점에서 기회로 작용한다. 먼저, 사용자들은 가치가 명확하다면 플랫폼 규모에 상관없이 돈을 낸다는 것이다. 그동안 플랫폼 비즈니스는 1등이 모든 것을 가져가는 승자독식의 비즈니스 분야였다. 그래서 무조건 규모가 커야 하고 독점을 해야만 살아남을 수 있었다. 독점을 통해 수익성이 강화된다는 플랫폼 비즈니스의 특징이 변한 것은 아니지만 구독경제는 규모가 작은 스타트업에도 기회를 준다. 작은 규모로도 수익화가 가능하도록 해주기 때문이다.

구독경제가 플랫폼 기업에게 기회가 되는 또다른 이유는, 정기 구독자가 플랫폼 기업이 안정적이고 꾸준한 성장을 이어나갈 수 있도록 해준다는 점이다. 또 향후 수익을 예측할 수 있기에 기업경영에서 장기적인 투자계획을 세울 수 있게 해주며, 이를 통해 경쟁기업과 차별화되는 경쟁력을 갖추게 도와준다. 구독경제의 창시자라고 할 수 있는 주오라의 티엔투오(Tien Tzuo) 대표는 한 언론과의 인터뷰에서 다음과 같이 단언했다.

"구독경제는 이미 의식주를 포함한 모든 산업의 영역으로 빠르게 확산하고 있다. 전통적인 판매모델을 고수하는 기업은 뒤처질 것이고, 구독모델로 전환하는 데 성공한 기업은 앞서갈 것이다."

그의 예측대로 현재 구독경제는 빠른 속도로 플랫폼 기업의 수입모델로 확산되고 있으며, 구독경제 모델을 활용하는 기업의 성장 또한 무척 빠르고 크다. 구독결제 시스템을 제공하는 주오라(Zuora)의 구독경제 지수에 따르면 지난 7년간 구독모델을 선보인 기업은 평균 300% 이상 성장했고, 미국 S&P 500 일반 기업보다 구독모델 기업의 성장속도가 5배 빨리 성장했다. 2021년 한국리서치는 넷플릭스나 멜론 등 기간 내 무제한 서비스 이용자의 70%가 만족한다고 발표했다.

성공적인 진입을 위한
3가지 접근법

전통비즈니스 모델의 중심이 '제품'이었다면 구독비즈니스 모델의 중심은 '고객'이다. 따라서 구독비즈니스 모델을 도입한 기업에게는 고객이 누구인지, 어떻게 행동하는지가 최고의 관심사이다. 그리고 고객이 서비스 경험을 최상으로 누릴 수 있도록 서비스를 향상하고 조정해야 하며, 유통채널을 이용하더라도 이러한 목적에 맞게 활용해야 한다. 그렇다면 구독경제에 어떻게 접근하는 것이 좋을까? 구독경제는 전통비즈니스 모델과 다르기 때문에 구독경제의 특성을 이해하는 것이 필요하다. 구독경제로의 성공적인 진입을 위해 3가지 접근법을 생각해 볼 수 있다.

전통비즈니스 모델과 구독비즈니스 모델 비교

구분	전통비즈니스 모델	구독비즈니스 모델
중점사항	상품	서비스
고객관계	일시적	지속적
마케팅 타깃	신규 고객	기존 고객
성장방식	광고	기존 고객의 추천

출처 : 주오라

판매가 아니라 서비스로 접근해야 한다

구독서비스는 신규가입자를 늘리는 만큼 이탈자를 줄이는

것도 중요하다. 단순히 상품이나 서비스의 판매로 끝나서는 안 된다는 것이다. 제품과 서비스가 만족스럽지 않으면 사용자는 언제든 구독을 멈출 수 있고 구독서비스가 얼마만큼의 가치를 사용자들에게 제공하는지가 구독의 연장과 중단을 결정하는 중요한 이유가 된다. 기존 서비스의 개선과 발전이 꾸준히 이어져야만 사용자들은 계속 구독자로 남는다.

구독서비스에서는 결제기간에 따라 포함되는 서비스와 상품, 그리고 배송방식 등이 사용자의 만족도에 큰 영향을 미친다. 음악서비스의 경우 정기결제 서비스에 포함되는 곡의 범위와 스트리밍 횟수가 중요하고, 같이 제공되는 포인트나 결합상품이 어떤 것이냐에 따라 매력도에 영향을 준다. 오랫동안 고객관리에 성공해 온 아마존은 아마존프라임 멤버십을 통해 빠른 배송뿐만 아니라 콘텐츠 등 전체 서비스를 통째로 이용할 수 있는 서비스로 확장 중이다. 여러 유용한 서비스를 하나로 묶은 번들 서비스로 멤버십을 유도하는 전략은 이미 아마존과 코스트코가 시작했고, 월마트와 럭셔리 가구점 RH(Restoration Hardware)에서도 제공하고 있다. 이런 흐름은 앞으로 병원과 헬스케어 서비스, 블루에이프런(Blue Apron) 같은 건강음식 배달 등의 묶음 서비스도 가능할 것이다.

네이버는 2020년에 구독형 멤버십 네이버 플러스를 시작했다. 네이버의 음악, 포인트, 금융 등 여러가지 서비스는 물론 티빙과 제휴를 통해 멤버십 가입자가 티빙을 무료로 볼 수 있도록 했다. 이 구독의 실험은 2021년 네이버 스마트스토어 판매자들에게 구독 솔루션을 제공하는 것으로 확장했다. 2004년 시작한 유료 구독서비스 아마존프라임은 1개월 무료 혜택만을 사용하고 해지하는 고객들로 어려움을 겪었으나 지금은 서비스 만족감이 높은 덕에 꾸준히 성장해 2021년에는 가입자가 2억 명을 넘었다. 기업들이 직접 고객경험을 쌓으면서, 제품판매가 아니라 서비스적인 마인드로 접근하는 것이 구독서비스의 성공요인이다.

친밀한 고객관계에 초점을 맞춰야 한다

구독경제는 더 세밀한 소수의 가망고객을 창출하는 것이다. 이때 더 많은 고객이 아니라 더 적절한 고객이 들어오는 것이 중요하다. 그래서 구독 플랫폼에서 관리해야 할 중요한 지표는 월간 유료전환율, 연간 유료전환율, 구독 이탈률의 3가지가 된다. 제시한 3가지 지표에는 신규가입자가 빠져 있다. 이유는 신규가입자가 중요한 것은 사실이지만 그보다 더 집중하고 정성을 기울일 대상은 기존 고객이기 때문이다. 구독경제에서는 구독자가 서비스에 만족할 경우 자신과 비슷한 다른 신규 고객을 데려오는 일이 발생하는 것을 볼 수 있다.

음악서비스 벅스와 엠넷뮤직에서 근무하던 당시 정기결제

를 하는 유료고객 유치를 위한 프로모션도 자주 진행했는데, 다음날 체류시간 3초 미만인 고객이 90%인 통계를 마주하는 당황스러운 일도 많았다. 이런 프로모션은 월간 사용자 수를 늘려주는 가시적인 효과는 있지만 구독자 증가에는 아무런 도움이 되지 않았다. 구독경제의 성공은 '아무나 많이' 찾아온다고 이루어지지 않는다. 우리 상품과 서비스를 구독해줄 '정확한' 고객의 방문과 그들과의 친밀한 관계 형성, 그리고 이렇게 관계맺은 핵심고객과 장기적인 관계를 맺는 것이 중요하다.

가치는 높게, 비용은 적게 들어야 한다

일정한 금액으로 서비스를 이용할 수 있는 구독형 서비스는 소비자에게는 가격보다 가치가 높아야 하고 기업에게는 제공하는 가치의 가격보다 비용이 낮아야 한다. 가격과 비용을 정교하게 계산하지 않으면 기업은 어려움을 겪는다. 영화관 구독 서비스인 무비패스는 월 9.95달러(약 12,000원)로 전국의 90%가 넘는 오프라인 극장 어디서나 영화 한 편씩을 볼 수 있도록 새로운 모델을 도입했다. 서비스에 열광한 사용자들 덕분에 300만 명이 넘는 유료회원을 얻었으나 극장에 지불해야 할 비용이 너무 많아 서비스를 중단해야만 했다. 반면에 월정액을 통한 무한 스트리밍으로 음악을 듣는 멜론 같은 디지털 플랫폼은 수입과 지출을 맞췄다. 사용자들은 일정금액으로 모든 음악을 들을 수 있으니 만족감이 높고, 사업자는 듣는 횟수만큼 저작권료를 지급하지만 한 달 가격으로 1주일도 사용하지 않는 고객들도 있기에 지출되는 저작권과 서버 비용을 낮추게 된다. 구독경제에서는 고객 제공가치와 사업의 비용 사이에 계산이 정확해야 한다.

플랫폼과
구독경제의 조합

구독경제는 플랫폼 기업이 직접적이면서도 단기간에 성장의 사이클로 들어갈 수 있는 반가운 수익모델이다. 게다가 지금은 사용자와 시장 모두 이를 받아들일 준비가 되어 있다. 구독모델도 역시 초기 임계점을 넘겨야 하지만 이전보다는 시간이 훨씬 줄어든다. 단지 사용자가 직접 돈을 내는 방식인 만큼 서비스 품질이 중요해졌고, 디테일한 개인화 서비스가 구독서비스 성공에 영향을 준다. 실제로 국내 플랫폼 기업에서 구독경제를 도입하면서 어려웠던 것은 사용자들이 세계 최고의 서비스와 비교하여 같은 수준을 기대한다는 점이었다. 동영상 서비스인 티빙의 경우 CJ 콘텐츠를 강점으로 콘텐츠 매력도를 주고 있지만 넷플릭스 수준의 기술과 글로벌한 시장을 염두하는 대작 콘텐츠 작품과 경쟁하고 있다.

그럼에도 불구하고 카카오도 구독ON이라는 서비스를 출시하고 구독 결제를 위한 서비스를 제공할 뿐 아니라 가전제품 구독부터 기저귀, 반찬 구독 등의 서비스를 접할 수 있는 구독 포털 같은 개념으로 접근하였다. 구독경제는 일반 기업부터 플랫폼 기업까지 규모나 경력과 무관하게 성공을 꿈꿀 수 있는 매력적인 모델이 아닐 수 없다. 단순한 상품의 판매를 넘어 서비스, 그리고 구독자와의 관계를 위해 정성과 노력을 기울이면 얼마든지 사용자와 지속적인 관계로 발전할 수 있다. 특히 스타트업은 오래전부터 전통 기업에 비해 서비스적 사고방식, 개인화, 원가를 낮추는 디지털 경제를 가장 잘 활용해 왔으니 금상첨화다. 플랫폼과 구독경제의 결합은 성공 가능성이 높은 조합이다.

뉴스원픽
나이키가 아마존을 다루는 법

나이키는 플랫폼 기업은 아니지만 플랫폼 기업의 대규모 판매 접점 때문에 기업의 전략에 크게 영향을 받는다. 2019년 말 나이키는 돌연 아마존에서 나이키 제품 판매를 중단하겠다고 선언했다. 아마존과 전략제휴를 시작한 2017년 이후 3년 만에 결별을 선언한 나이키의 의중에 전 세계가 주목했다. 나이키는 "소비자와 보다 직접적이고 개인적인 관계로 소비경험을 향상하는 데 집중하기 위해 아마존에서의 판매를 종료하기로 했다"고 결별 이유를 설명했다. 즉, 자체적인 나이키 판매채널의 강화를 사용자와의 직접적인 경험(아마존을 통해서가 아니라)으로 창출하겠다는 것이다.

홀로서기에 자신감이 붙은 나이키는 2020년 6월에 열린 컨퍼런스에서 3년 전 공개한 D2C(Direct to Customer) 구상의 일환으로 소비자 직접 가속 단계를 시작했다고 밝혔다. 되돌아보면 나이키는 2017년 아마존과의 파트너십 발표 이후에도 자체 채널에 대한 발전계획을 멈추지 않았다. 나이키 다이렉트(Nike Direct) 조직 신설을 통해 자체 채널을 강화하기 위한 준비를 해왔고, 사용자와의 직접적인 접점을 만들기 위한 트리플더블 전략(Triple Double strategy)[11]을 제시했다. 아마존 같은 거인 플랫폼에 판매를 의존하면서도 자체적으로 사용자와의 관계를 맺어 성장하려는 노력을 소홀히 하지 않았던 것이다.

아마존 플랫폼 활용하기

나이키는 세 단계를 거치면서 플랫폼 세상에서 생존법을 찾았다. 첫 번째, 아마존 플랫폼을 적극 활용하는 단계이다. 아마존 플랫폼 안에서 고객을 만나고 지속적인 관계를 유지하기 위해 재미있는 동영상 콘텐츠나 스포츠 사진을 제공하면서 사용자와의 관계를 쌓아나가는 것에 집중한다. 두 번째, 사용자의 재방문과 신규방문이 균형있게 발전하는 단계에서는 아마존 플랫폼에서의 고객관계를 강화하면서 이 사용자를 자체 서비스로 옮겨올 수 있는 준비를 했다. 나이키 멤버십은 자체 서비스 강화를 위한 대표적인 프로그램이다. 나이키 멤버십 데이에는 아마존에서 볼 수 없는 컬렉션, 구매할인 혜택, 멤버들만을 위한 커스텀 서비스(내가 원하는 대로 디자인을

11
트리플더블(Triple Double) 전략은 2017년 나이키 경영진이 고객을 직접 만나기 위한 핵심전략으로 3개의 항목(triple)을 2배로 늘리는 것이다. 2X Innovation(2배의 혁신), 2X Speed(2배의 스피드), 2X Direct connections with consumers(2배의 소비자 직접 연계)를 뜻한다.

변경하는)가 가능한데, 이 혜택은 나이키 홈페이지에서만 제공했다. 아마존 고객들을 자체 서비스로 전환할 준비가 되었다고 판단한 나이키는 아마존 플랫폼과 자체 판매채널을 동시에 강화하는 세 번째 단계로 발전했다. 이 단계에서 나이키는 양쪽을 모두를 활용했다. 세 번째 단계에서 중요했던 것은 사용자와 직접적인 관계를 맺을 수 있는 나이키 홈페이지에서의 회원가입과 매출 성장이었다. 아마존 플랫폼에 고객 접점을 전적으로 의지할 경우 매출이 더 많이 발생할 수는 있지만 이후 발전을 위한 사용자의 상세 구매데이터나 서비스 활동경로 데이터를 얻을 수 없기 때문이었다. 이렇게 나이키는 유통 플랫폼을 마케팅과 홍보 활동을 위한 접점으로 활용하면서 아마존과 결별했다. 이후 1년간 자체 홈페이지 매출비중은 15%에서 30%까지 증가하고 나이키 멤버십으로 1억 4천만 명의 회원을 확보했다.

15장
주문형 직원을 성공시켜라

기업이 성장하면 직원수도 많아진다. 회사가 성장하고 일이 많아지니 당연한 일이다. 플랫폼 기업에서도 성장에 따라 고용하는 직원들도 많아지지만, 전통 기업의 방식과는 다른 면이 있다. 바로 주문형 직원(Ondemand Staff)이다. 주문형 직원은 플랫폼 기업과 사업적 계약을 맺고 성과가 났을 때만 보수가 지급되는, 파트너 같은 직원을 뜻한다. 주문형 직원은 매일 규칙적으로 출퇴근할 필요도 없고, 고정적인 급여나 퇴직금을 보장받지도 않지만, 기업 내부의 핵심적인 의사결정을 담당하는 커뮤니티 집단이기도 하다.

네이버의 직원은
매달 3만 명씩 증가 중

2021년 네이버의 쇼핑 플랫폼 스토어팜인 스마트스토어의 개설 수는 40만 개를 넘었다. 다시 말하면 네이버의 스마트스토어 서비스에서 활동하는 주문형 직원이 40만 명 이상이라는 뜻이다. 네이버는 커머스 플랫폼을 성공시키기 위해서 3,000여 명의 내부직원과 40만 명의 주문형 직원이 힘을 합친다. 스마트스토어를 개설한 주문형 직원은 판매에 따른 이익을 가져가고, 네이버는 약 4%에 가까운 수수료를 받으니 상부상조이다. 네이버는 더 많은 주문형 직원이 모여들도록 창업교육, 마케팅 성과분석, 상품노출 노하우 교육을 진행하고 대출지원도 하고 있다. 이러한 노력으로 네이버는 2021년 연매출 6조 원을 넘기며 역대 최고실적을 기록했다. 그중 스마트스토어의 판매자는 월 3만 명씩 늘어나 거래액이 2020년보다 72% 늘어나는 등 쇼핑사업 호황을 맞았다.

전자상거래 분야 세계 1위인 아마존에도 주문형 직원이 중요할까? 아마존 직원은 130만 명(2021년 말 기준)으로 아이슬란드 국민수(36만 명, 2020년 기준)보다 많은 사람을 고용 중이다. 하지만 실제로 아마존을 위해서 일하는 직원은 그보다 훨씬 많다. 판매량에 따라 수수료를 챙기는 셀러들도 아마존 플랫폼에 고용된 주문형 직원들로 전 세계적으로 300만 명을 넘어서고 있다. 이들은 정규 직원처럼 꼬박꼬박 일정 급여를 받지는 않지만 판매하는 만큼 아마존으로부터 수수료를 받는다. 그렇기에 그들은 아마존을 24시간 홍보하고, 제품들이 잘 팔리도록 애쓰는 것이다. 아마존의 공식적인 직원은 130만이라고 보도되지만 실제로 아마존을 위해서 일하는 직원은 430만 명을 넘는다.

주문형 직원이
일하는 방식

국내에서는 다소 생소한 미국의 자동차 제조회사 로컬 모터스(Local Motors)는 100여 명의 직원이 있는 온라인 자동차회사이다. 이 회사는 플랫폼을 사용해 4만 5,000명이나 되는 디자이너를 공짜로 쓰고 있는데, 이들은 온라인으로 협업하며 자동차 디자인을 개발한다. 로컬 모터스는 자동차를 만드는 공장도 소유하고 있지 않고, 직원도 없다. 대신 지역의 마이크로 팩토리(micro factory: 작은 규모의 공장)들이 모여 자동차를 제작하고 있다.

유튜브는 크리에이터, 그리고 크리에이터를 모아 사업하는 MCN(Multi Channel Network)[12] 회사를 주문형 직원으로 활용한다. 콘텐츠 공급자인 크리에이터는 유튜브에 자기의 관심 분야와 관련한 영상을 올리며 팬들을 모집하고 구독자로 초대한다. 그리고 그 구독자를 기반으로 영상을 송출한다. 일정한 조회수와 시청시간을 넘기면 그에 대한 수수료를 유튜브로부터 정산받는데, 조회수가 많고 누적 시청시간이 길수록 많은 수입이 생기게 된다. 구글(유튜브)에게 인플루언서는 유튜브와 수익을 쉐어하는 주문형 직원들이다. 그래서 유튜브는 플랫폼 성장을 위해 주문형 직원들이 본격적인 사업자가 될 수 있도록 MCN 사업을 통해서 지원하고 있다. 크리에이터가 수준 높은 영상물의 창작에만 신경쓸 수 있도록 정산이나 영업, 협업, 마케팅 등을 MCN회사가 담당하도록 한다.

한국 최초로 CJ에서 MCN 사업을 시작할 당시 유튜브는 CJ에게 개인 인플루언서보다 높은 수익셰어율로 계약해 주었다. 인플루언서들을 관리하고 모아서 교육하는 노력을 인정해 주는 정책이었다. 물론 성과가 나면 나눠주고 성과가 나지 않으면 지급하지 않는다. 그럼에도 불구하고 이런 방식은 조회수의 증가에 따라 많은 수익을 예상할 수 있었다. 유튜브 대신 온종일 유튜브 홍보를 하고, 더 많은 사람이 유튜브에 방문과 재방문을 하도록 애쓰는 이유가 되었다.

12
개인 유튜버를 모집해 콘텐츠 사업을 하는 회사를 말한다. 유튜브(구글)는 이 회사들을 인증하여 광고비 정산 등을 대행하도록 심사하여 정식 파트너로 선정한다.

배달의민족도 주문형 직원을 양성하고 있다. 배달의민족은 2019년 7월 일반인도 배달에 참여할 수 있도록 배민커넥트 서비스를 시작했다. 배달의민족을 운영하는 ㈜우아한형제들의 계열사인 '우아한청년들(배민라이더스)'이 도입한 일반인 배달시스템으로 일반인이 배달에 참여하되 시간이나 날짜 등의 강제성은 없다. "내가 원할 때, 달리고 싶은 만큼만!"을 강조하며 건당제, 주말 풀타임, 시급+인센티브 등 다양한 방식을 선택할 수 있다.

폭발성장을 만드는
2가지 질문

전통 기업은 내부직원들이 마케팅, 홍보, 세일즈 등을 담당하는 반면, 플랫폼 기업은 주문형 직원들이 그 일을 담당한다. 그들은 월급을 줄 필요도 없고, 일이 줄어들거나 성실하지 못한 근무태도 때문에 해고통보를 해야 하는 어려움도 없다. 성장하면 같이 성과를 나누지만 잘못되면 각자 책임져야 하니 주문형 직원들이 내부직원보다 회사를 위해서 더 많은 고민을 한다. 고민한 만큼 보상이 따라오기 때문이다.

그렇다면 플랫폼 기업은 어떻게 주문형 직원의 성공을 도울까? 어떻게 주문형 직원을 많아지게 할까? 첫 번째 방법은 높은 수익배분율과 인센티브이다. 주문형 직원들이 내부직원보다 열심히 일하는 이유는 자신들의 사업이기 때문이다. 2021년 하반기 네이버가 스마트스토어 수수료를 낮춘다고 발표한 것도 이러한 맥락이다. 네이버는 신용카드, 계좌이체, 휴대폰 결제 등 결제방식별로 최고 3.5%에 해당하는 수수료를 영세사업자에게는 2%, 일반 사업자에게는 3.3% 일괄 적용하기로 변경하였다. 이로 인해 평균적인 수수료 비용이 낮아져 스마트스토어 사업자들의 수익배분율이 늘어나게 되었다. 두 번째 방법은 매출 증대를 위한 데이터 제공이다. 수익배분율과 인센티브는 좋은 동기부여 방법이지만 금액이 적으면 소용없다. 따라서 플랫폼 기업은 주문형 직원의 매출증대를 위해 필요한 데이터를 제공한다. 제공되는 데이터가 정교할수록 주문형 직원들의 성과도 올라간다. SNS에서는 타깃팅 데이터를 제공하고(물론 광고로 연결이 되기는 하지만) 커머스에서는 연령별, 지역별, 성향별 구매자ㆍ재구매자의 구매성향 데이터를 제공하여 성공을 돕는다. 세 번째 방법은 주문형 직원의 진입과 성장을 위한 교육이다. 주문형 직원은 많을수록 좋다. 그러기 위해 진입장벽을 낮추고 성장하는 사례를 만들도록 내부의 노하우, 성공한 주문형 직원의 사례를 무료로 공유해야 한다. 네 번째 방법은 기업형 주문형 직원을 양성하는 것이다. 기업형 주문형 직원은 유튜브 MCN 회사 같은 기업이다. 개인보다 더 많은 수수료 혜택과 기업들에게만 주어지는 유용한 기능을 제공하여 주문형 직원들이 기업형으로 발전하도록 한다. 커머스플랫폼은 오픈 인터페이스를 통해 판매자를 양성하는 회사가 가능하도록 하고 SNS 플랫폼은 광고 대행사에게 특별한 기능에 사용 접근권(Private API)과 판매권을 제공함으로써 기업들이 플랫폼에 참여하도록 돕는다.

최근 미국에서 등장하고 있는 애그리게이터(aggregator)는 아마존 같은 유통플랫폼에 입점한 유망 브랜드를 발굴하여 인수 또는 투자를 하는 기업이다. 즉, 새로운 주문형 직원을 양성하는 대신 이미 성장이 입증된 소규모 브랜드들을 인수하여 더 크게 성장시키는 것을 목표로 한다. 아마존의 유망 판매자 인수 업체인 액쿠코(Acquc), 트라지오(Thrasio), 헤이데이(Heyday), 퍼치(Perch)가 그런 기업이다. 이런 기업들은 아마존 내의 리뷰 조작, 불량제품 판매 같은 플랫폼에게 악영향을 주는 요소를 정화해 주는 효과를 기대할 수 있어 플랫폼 기업도 이들의 성공에 적극 동참하고 있다.

국내외 정부에서는 주문형 직원을 '플랫폼 노동자'라는 관점으로 바라보고 직접 고용하는 직원으로 바꾸려는 법적인 논쟁이 많다. 그럼에도 불구하고 플랫폼 기업의 폭발성장의 방법은 다음 2가지 질문에 대한 답에서 찾을 수 있다.

어떻게 주문형 직원을 많아지게 할까?

어떻게 그들이 성공하도록 도울까?

영국 대법원의 우버 드라이버 판결

차량 공유 서비스 업체인 우버는 우버 드라이버를 '노동자'로 대우한다고 발표했다. 2021년 2월 영국 대법원이 우버 드라이버는 자영업자가 아닌 노동자라고 판결한 데 따른 조처로 이는 플랫폼 업계 전반에 걸쳐 중요한 판결이었다. 플랫폼 기업 성장의 동력인 주문형 직원에 대한 정부 차원의 첫 규제이기 때문이다. 그에 따라 우버는 영국에서 우버 플랫폼을 이용하는 7만 명 이상의 우버 드라이버에게 최저임금(시간당 8.72파운드. 약 1만 4,000원)과 유급휴가, 연금 혜택을 부여한다. 하지만 우버 드라이버를 '노동자'로 분류하면서도 '피고용인'으로 보지는 않았다. 이들 드라이버는 부당 해고 시 노동법 상의 소송과 같은 보호장치는 가지지 않는 것으로 결론이 났다. 또한 같은 형태로 주문형 직원을 통해 성장하는 음식배달 서비스 플랫폼인 '우버 이츠'는 포함되지 않았다. 이런 다른 결정의 배경에는 플랫폼 기업과 정부 사이의 치열한 논쟁 때문일 것이다.

주문형 직원의 개념과 모바일 기술은 기존 택시업에 비해서 더 많은 참여자가 참여할 수 있는 환경을 만들었고 우버 같은 플랫폼 기업은 성장할 수 있었다. 기존 택시 산업은 드라이버의 청결함이나 친절함이 경쟁력이 아니었다. 하지만 우버는 위치정보를 활용한 호출서비스, 탑승평점을 통한 드라이버의 평가, 탑승 후 분실물 처리 등을 통해 그간 경험하지 못했던 청결하고 친절한 택시 서비스를 가능케 했다. 주문형 직원은 플랫폼 기업 입장에서는 성장의 핵심 역할을 하는 것인데, 이런 결정이 우버 이츠뿐 아니라 다른 나라까지 적용된다면 우버의 존재 자체에 위험을 주게 될 것이다.

이로써 우버는 성장하는 로드맵에 브레이크가 걸린 것이라고 볼 수 있다. 당장은 영국만의 문제이지만 이런 판결이 다른 나라로 확산된다면 성장방식에 큰 문제가 생기기 때문이다. 모든 사람을 고용한 후 현재와 같은 사업을 하는 것은 우버의 탄생에서 고려했던 부분이 아니었다. 그렇다면 이런 문제는 왜 생기게 된 것일까? 이에 대한 해답은 우버의 파트너인 우버 드라이버에게서 찾아야 할 것이다.

2020년 라이드쉐어 가이 블로그가 1,000명을 대상으로 조사한 결과 66%는 지금과 같은 주문형 직원을 원하는 것으로 나타났다. 직원으로 고용되기를 원하는 응답자는 15.8%에 불과했다. 이런 결과를 불러온 이유는 근로자로서 근로기준법의 보호를 받는다는 것이 소정의 근로시간을 지켜야 하지만 또한 더 많은 수익을 얻을 수 있는 기회도 없어지게 되기 때문이다. 법적인 논쟁에서는 이전보다 더 많은 자율적인 혜택을 누리고 더 많은 수입을 올리는 사람들보다는 그렇지 못한 사람들을 주목한 것으로 볼 수 있다.

그렇다면 우버는 어떻게 해야 할까? 그것은 우버 드라이버의 성공을 돕는 것이다. 우버가 가져온 혁신은 이전의 택시를 타본 경험이 있는 사람 모두가 동의할 것이다. 우버는 친절하고 깨끗하고 안전한 탑승 경험을 주는 드라이버가 더 큰 수익을 거두도록 도와야 한다. 그것이 우버가 현재의 위기를 넘기는 유일한 방법이 될 것이다.

정규직 전환을 위해 시위 중인 우버 드라이버들

16장
스타일리시까지 설계하라

제조업이 강한 한국이 처음 IT시스템을 도입한 것은 비용절
감을 위해서였다. 그런데 지속적인 업그레이드, 서버 교체, 새
로운 솔루션의 도입 등으로 추가비용이 계속 발생하고 빨라
진 기술을 따라가느라 오히려 더 많은 사람과 비용이 투자되
고 있다. 현재 IT시스템은 모바일 기술, 인공지능 기술, 블록
체인 기술로 발전하고 있다. 전통 기업은 이러한 기술의 변화
를 민첩하게 따라오지 못하다 보니, 과거 제조업을 위해 적용
하던 IT시스템의 경험을 플랫폼 사업에 그대로 적용하는 일
도 허다하다. 프로그램을 자동화하면 인공지능이 알아서 할
일을, 수십 명의 직원이 붙어서 하는 상황이 벌어지는 식이다.

익숙한 방식이라 당장은 편할지 모르나 플랫폼의 폭발적인 성장을 위해서는 서비스 자동화, 즉 효율적인 알고리즘이 있어야 한다.

알고리즘의 역할

알고리즘은 서비스를 일련의 절차와 방법으로 공식화하여 자동화한 프로그램을 뜻한다. 기업이 보통의 성장을 하기 위해서는 알고리즘이 없어도 된다. 알고리즘의 역할을 사람이 처리하는 것이 더 효율적이고 빠르기도 하다. 그러나 폭발적 성장을 원한다면 반드시 알고리즘을 활용해야 한다.

알고리즘은 몰려드는 사용자를 무한대로 감당하면서 운영비용도 줄여준다. 그뿐만 아니다. 알고리즘은 네트워크 효과를 지원하고, 주문형 직원들이 24시간 일하게 하는 환경을 만들어준다. 알고리즘은 컴퓨터 프로그램이기에 휴식시간 없이 일해도 힘들어하거나 투덜거리지 않고 오직 플랫폼의 성장만을 위한다. 지금 세계는 폭발적으로 발전하는 머신러닝과 딥러닝 등 인공지능의 알고리즘 활용을 점점 일반화하고 있다. 자동차 브레이크 작동에서부터 비행기표의 가격결정, 영화흥행예측, 카드사기 방지, 기후변화, 출생률 예측 등에 이르기까지 세상은 다양한 영역에서 알고리즘에 의해 처리되고 있다.

스티치픽스처럼
스타일리시하게

미국의 스티치픽스(Stitch Fix)는 알고리즘 기반으로 고객맞춤을 해주는 패션 스타트업이다. 상품추천뿐만 아니라 물류, 생산의 모든 프로세스 안에 데이터를 적용해 미국의 전문가들로부터 아마존보다 우월하다는 평가를 받았다. 스티치픽스의 경쟁력은 고객맞춤형 패션 추천이다. '당신의 온라인 스타일리스트(Your online personal Stylist)'는 스티치픽스의 핵심적인 메시지이자 비즈니스 모델이다. 이 때문에 스티치픽스의 홈페이지에는 단 한 장의 상품안내 페이지도 없다. 화려한 상품 대신 추천의 기초가 되는 데이터 수집을 위해 '스타일퀴즈'를 전면에 배치한다. 스티치픽스가 해결하고자 했던 것은 넘쳐나는 제품 사진과 설명을 보면서 자신에게 어울리는 상품을 고르는 데 어려움을 호소하는 고객의 니즈였다. 그래서 쇼핑몰 홈페이지에서 불특정 다수의 고객을 상대로 제품정보를 밀어내는(Push) 방식이 아니라, 개별 고객의 선호도를 분석하여 고객에게 가장 적합한 제품을 추천하는(Pull) 방식으로 서비스를 제공했다.

사용자가 입력한 데이터를 기반으로 알고리즘을 정교하게 발전시킨 덕분에 스티치픽스 고객의 3개월 유지율(최초가입 후 3개월 동안 서비스를 지속 이용하는 비율)은 45~50%를 웃돌고, 12

개월 유지율 역시 20% 수준을 유지하고 있는 것으로 알려져 있다.

스티치픽스는 알고리즘 고도화를 위해 풀타임 및 파트타임 스타일리스트들도 고용한다. 이들은 알고리즘 발전을 돕는 역할을 하는데, 훌륭한 안목을 가진 스타일리스트와 '자체 추천 시스템'의 균형을 맞추는 것이다. 데이터 기반 알고리즘은 각각의 고객이 작성한 스타일 프로필에 따라 가장 적합한 상품그룹을 계절별, 시기별로 스타일리스트에게 추천한다. 이를 기반으로 스타일리스트들은 고객에게 적합한 상품을 추가하거나 삭제하면서 알고리즘을 발전시킨다. 하지만 스타일리스트의 역할은 알고리즘의 정확도가 높아지면서 점차 줄어들고 있다. 2021년까지 70억 달러(한화 8조 2천억 원) 상당의 판매 데이터가 만들어졌기 때문이다. 이러한 스티치픽스의 알고리즘은 고객들을 스타일리시하게 만들어주고 있다.

카카오T처럼
친절하게

카카오T 역시 알고리즘을 적극적으로 활용한다. 카카오T의 대표적인 서비스인 카카오택시는 카카오 모빌리티가 택시 라이센스를 매입하여 직접 택시를 운영하고 있다. 그러다 보니 카카오T의 소속이 아닌 일반 택시들은 카카오T의 택시호출이 카카오택시에 집중되고 있다고 의혹을 제기했는데, 언론에 소개된 내용으로는 일반 택시가 하루 5개 정도 택시호출을 받을 때 카카오택시는 20건을 받는다는 주장이었다. 카카오T의 알고리즘은 외부로 알려진 바가 없으나 예상컨대 택시를 부르는 장소에 여러 대의 택시가 있다면 고객평가가 높은 택시에게 우선권을 줄 수 있다. 여기서 카카오택시는 평소 기사(카카오 직원)들에게 고객으로부터 좋은 평가를 얻으라는 지침(목표)을 내릴 수 있다. 택시기사에게 좋은 평가란 부드럽고 안전한 운전, 친절한 말과 행동이 될 것이기에 결국 카카오T의 알고리즘은 '친절함을 만드는 알고리즘'이라고 볼 수 있다.

플로처럼
다양하게

음악 플랫폼에서 인기순위의 지표인 탑100은 신곡을 출시하는 기획사라면 민감하게 반응한다. 신곡이 출시되자마자 사용자들에게 노출되어 인기를 증명해야만 하는 상황이다 보니 상위랭킹에 오르는 것이 단기적인 목표가 되었다. 하지만 문제는 각 플랫폼마다 탑100을 선정하는 알고리즘이 달라서 같은 곡이라도 각각의 플랫폼마다 순위가 다르다는 것이다. 탑100 알고리즘은 다운로드 수, 스트리밍 수, CD판매 수 등의 항목에 가중치를 두어 종합적으로 점수를 매기면서 업데이트되는데 과거 엠넷닷컴의 경우에는 아이돌을 좋아하는 20~30대 연령층이 많았기 때문에 탑100도 다른 플랫폼보다 이들의 영향력이 컸다. 이 때문에 기획사는 엠넷닷컴에게 순위 조작이 아니냐는 의혹을 제기하기도 했다.

반면 플로(FLO)는 실시간 순위를 알려주는 탑100 알고리즘을 폐지한 대신 개인화 추천 알고리즘을 강화하여 이용자당 감상하는 곡의 수를 53%나 증가시켰다. 플로의 추천 알고리즘은 단순 음원 순위 경쟁이 아닌 '음악을 다양하게 듣게 해주는 알고리즘'이 된 것이다.

알고리즘에
어떤 역할을 맡길 것인가

이렇듯 다양한 분야의 플랫폼 기업에서 알고리즘은 핵심 비밀(기업들은 알고리즘을 공개하지 않고 정기적으로 업그레이드한다)이자 성장을 만들어주는 경쟁력이다. 이런 중요도와는 별개로 알고리즘이 처음부터 거창한 인공지능이나 많은 투자가 필요한 것은 아니다. 스티치픽스나 카카오T와 같은 사례를 참고하여 각 플랫폼의 성장단계에 맞게 적용하면 된다. 이런 서비스들이 처음부터 비즈니스를 돕는 인공지능이나 정교한 프로그램 형태의 알고리즘은 아니었다.

명함관리 서비스인 리멤버는 초창기 사용자들이 명함을 스캔하면 직원들이 일일이 명함의 내용을 수동으로 입력하고, 오타를 줄이기 위한 검수까지 끝낸 후에 사용자에게 보이도록 했다. 사용자에게 이 과정은 자동화된 알고리즘이 적용된 것처럼 보였지만 사실은 수작업이었다. 플랫폼 기업이 초창기이거나 규모가 작은 경우에는 이런 소박한 접근이 좋다. 수작업 업무를 통해서 규칙을 만들고 분류 로직을 찾을 수 있으며, 이 검증된 규칙은 알고리즘을 통해 자동화하는, 더없이 좋은 설계 초안이 된다. 그리고 사용자가 많아지면서 개선점이 나올 때마다 알고리즘은 업그레이드된다. 이런 과정을 통해 알고리즘은 기업의 축적된 비즈니스 경쟁력이 되는 것이다. 그러므로 플랫폼 기업은 단순 통계수치를 모니터링하는 것에서부터 핵심적인 비즈니스의 노하우가 축적된 부분까지 알고리즘으로 자동화해야 한다.

뉴스원픽
부동산 플랫폼, 오픈도어

미국의 전체 부동산시장 규모는 1조 6천 달러이며 이 중 온라인 비율은 1% 이하이다. 미국의 부동산중개 플랫폼 기업 오픈도어(Opendoor)는 온라인 시장의 64%를 차지하면서 부동산중개업을 변화시키고 있다. 미국에는 매년 500만 개의 주택이 200만 개의 중개업체를 통해 매매되고 있는데, 이들은 대부분 영세업체이다. 전체의 66%에 해당하는 업체가 1년에 15개 이하로, 31%가 15~50개를, 단 4%의 업체만이 50개 이상의 매매를 성사하는 것으로 알려져 있다. 이런 영세한 부동산중개업은 복잡한 절차(평균 연관사 6개), 불확실한 시간(언제 가능할지), 높은 비용(평균 주택 판매가격의 12%를 연관비용으로 사용), 많은 시간소비(한 달간 평균 12개 집 방문)가 되는 산업이다.

오픈도어는 이런 시장을 디지털화하면서 사용자에게 새로운 경험을 선사 중이다. 그 중에서 오픈도어의 가장 색다른 경험은 주택 가치평가를 인공지능(AI) 기술로 제공하는 것이다. 인공지능 소프트웨어와 가치평가 전문가 등 무려 50여 명이 매수할 주택의 가치를 측정하고 데이터를 디지털화하여 구매자들이 직접 비교 분석할 수 있도록 부동산 가치 측정의 혁신경험을 제공한다. 오픈도어는 각 매물마다 145개의 포인트를 평가하고 분석한다. 현장을 방문하여 이루어진 측정이 현재 17만 5천 건(총 2,100만 포인트의 데이터 확보)이 되면서 알고리즘을 통한 평가와 실제 방문을 통한 가치평가 가격 차이가 점점 줄어들고 있다. 이렇게 검증된 알고리즘은 부동산 가치측정 프로세스를 63%까지 상승시켰으며 정확성이 확보된 자동화의 비율 상승은 오픈도어의 비용절감으로 이어진다.

데이터를 통한 가격 측정 정확도 및 자동화 비율

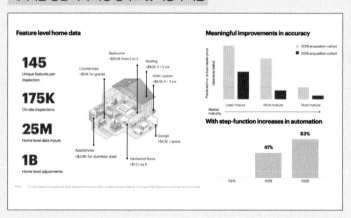

출처 : https://www.opendoor.com/w/wp-content/uploads/2020/09/Opendoor-overview-investor-presentation.pdf

오픈도어의 비즈니스 모델 또한 전통방식에 비해 매력적

이다. 오픈도어는 플랫폼을 통해 자체 기준에 맞는 주택을 매수하고 이를 조금 리모델링해 매수자에게 판매하는 비즈니스 모델을 추구하고 있다. 알고리즘으로 산출된 가격을 매도자에게 제시하여 매수자가 수락하면 거래가 성사되는 방식이다.

비즈니스 진행 절차

1) 셀러에게 오픈도어가 직접 오퍼함

2) 셀러가 원하는 날짜에 계약

3) 오픈도어가 개 · 보수 진행

4) 오픈도어 사이트에 등록

5) 바이어가 셀프 투어

6) 가격협상

7) 모기지 대출 제안

8) 바이어가 원하는 날짜에 계약

비즈니스 모델 확장성

1) 집을 옮겨갈 때 필요한 모든 서비스로 확장을 꾀함

2) 소유권 등기, 중간 수탁, 대출, 보험, 보수유지, 이사 서비스 외에 100여 가지의 후보 아이템을 가지고 있음

오픈도어는 오랫동안 소규모 영세 사업으로 있던 부동산 분야를 디지털로 바꾸는 중이다. 그 결과 구매자에게 더 저렴한 수수료 제시가 가능하게 되고 직접 매매한 주택을 판매하는 방식 때문에 단 며칠 만에 주택 매매와 원하는 날짜에 입주가 가능하다. 그간 6개 이상의 연관기관을 걸쳐야 하는 미국 내 부동산계약의 절차를 간소화하여 보험부터 대출까지 이사에 필요한 모든 절차를 통합 제공한다. 이렇게 오픈도어는 전통 부동산중개업을 파괴하며 혁신을 진행 중이다.

17장
네트워크를 타라

네트워크

성장을 위한 5가지

플랫폼 가입자 1억 명을 모으는 비법을 배우기 위해 얼마가 필요할까? 대한민국 인구보다 많은 수의 사용자를 확보하는 확실한 방법이라면? 스냅 인터랙티브를 설립하여 온라인 데이팅 앱을 개발한 클리프 러너(Cliff Lerner)는 7,800만 달러(한화 950억 원)로 그 방법을 배웠다고 말한 바 있다. 그가 1억 명을 모으는 비법을 알게 된 것은 폭발성장을 가능하게 한 네트워크 확산을 경험했기 때문인데, 그러기까지 좌충우돌의 실패를 겪으며 900억 원이 넘는 돈을 잃었다는 것이다. 플랫폼

가입자 1억 명이라는 네트워크 확산을 경험하기 위해서 모두가 그런 큰 돈을 지불할 필요는 없다. 다음에 소개하는 5가지 사항들로 네트워크 타는 법을 시작할 수 있다.

네트워크 관점

플랫폼을 성장시키기 위해서는 네트워크 관점을 가져야 한다. 네트워크 관점이란 어떤 것인지 페이스북을 예로 살펴보자. 두 그림 중 페이스북은 어떤 것이라고 생각하는가?

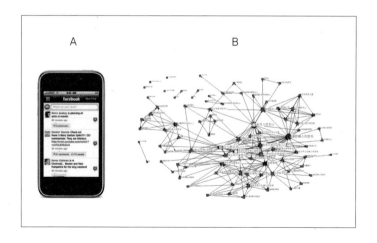

페이스북을 전 세계인이 사용하는 소셜 네트워크 앱이라고 생각하면 A라고 답할 것이다. 사업이 페이스북처럼 성장하고 확산하기를 바라며 어떤 메뉴가 어느 위치에 놓여야 하

는지와 더 훌륭한 기능을 만드는 것에 돈과 시간을 투자할 것이다. 그리고 더 많은 사용자가 오도록 앱 다운로드 마케팅을 진행할 수도 있을 것이다.

반면, B라고 대답한다면 페이스북을 네트워크 관점에서 바라보는 것이다. 많은 사람과 연결된 사용자와 적은 사람과 연결된 사용자의 차이를 발견하고, 활성화된 사용자를 성장시키는 방법을 찾을 것이다. 페이스북 운영팀이라면 페이스북에 처음 와서 달리 할 일이 없는(이탈의 위험이 있는) 사용자에게 다시 방문할 이유(친구추천)를 만들어주는 방법에 대해서 고민할 것이고, 그 전과 후의 데이터를 면밀하게 분석할 것이다. 이처럼 플랫폼 기업을 네트워크 관점으로 바라보면 성장에 대해 생각하는 관점도 달라진다. A에 대한 고민이 전혀 필요 없는 것은 아니지만, 플랫폼 기업의 성장은 B, 즉 네트워크 관점을 통해서 얻게 되는 것이다.

자체경쟁력 점검

전통적인 마케팅에서는 제품과 마케팅을 분리한다. 기업에서 일하는 방식도 제품부서가 혁신적인 기술을 활용하여 좋은 제품을 만들고 나면 마케팅 부서는 이것을 어떻게 소비자에게 알릴지를 고민한다. 일반기업에서 생산하는 서비스나 제품의 관점에서는 그런 방식이 효율적일 수 있다. 그러나 네트워크 마케팅에서는 제품이자 서비스인 플랫폼이 마케팅과 밀착되어 있다. 플랫폼 자체가 마케팅 툴이 되기 때문이다. 다시 말하면 마케팅이 아무리 훌륭해도 제품(서비스)인 플랫폼에 이상이 있으면 효과가 없다는 것이다. 이것은 전통 마케팅과는 다른 플랫폼의 성장방식이다. 따라서 플랫폼 자체에 대해서 다음과 같은 질문을 던져보아야 한다.

1. 우리 플랫폼은 다른 경쟁 플랫폼보다 10배 이상 좋은가?
2. 사용자가 다른 사람에게 이야기할 정도로 우리 플랫폼을 좋아하는가?
3. 사용자가 다시 찾아오는가?

이 내용은 앞서 성장지표를 이야기할 때나 플랫폼을 만드는 과정에서 이미 강조한 바 있다. 이 첫 번째 질문은 플랫폼이 주는 가치에 관한 것이다. 다른 경쟁사보다 실제로 10배 이상 좋은 것은 아니더라도 자신있게 "그렇다!"라고 말할 정도로 우리 플랫폼의 가치에 대한 확신이 있어야 한다. 그렇지 않은 단계에서의 마케팅은 별 도움이 안 되는, 헛일이 되기 싶다. 마케팅 이전에 우선 플랫폼 자체의 경쟁력에 집중해야 한다.

플랫폼이 주는 가치에 자신감이 생겼다면 이제 두 번째 질문을 던져야 한다. 사용자가 다른 사람에게 우리 플랫폼을 추천하는지는 순추천지수(NPS, NetPromotionScore) 측정을 통해 알 수 있다. 고객에게 '지금 사용한 플랫폼을 다른 사람들에게도 추천하는가?'를 1점에서 10점까지의 척도로 물어보고 추천고객(9~10점) 비율(%)에서 비추천고객(0~6점) 비율(%)을 빼서 NPS를 산출한다.

NPS = 추천고객 비율(9~10점) − 비추천고객 비율(0~6점)

테슬라는 초창기 NPS가 무려 96.6으로 측정되기도 했는데, 70점을 넘기면 월드클래스급이라고 평가한다. 국내에서는 플랫폼을 평가하는 기준으로 NPS를 사용하지는 않는다. 따라서 점수 자체보다는 자체 경쟁력에 대한 판단기준으로 삼아 플랫폼의 경쟁력 향상을 위한 지침으로 활용할 수 있다.

세 번째 질문은 사용자의 재사용률을 측정하는 것이다. 사용자의 1일 사용 유지율, 1주일 사용 유지율, 30일 사용 유지율을 체크하여 이를 방해하는 것이 무엇인지 확인해야 한다. 반복되는 에러, 번거로운 서비스 화면, 가격의 불합리, 고객서비스의 불친절, 지인들과 함께 다른 플랫폼으로 이동 같은 여러 이유가 있을 것이다. 포커스 그룹 인터뷰나 SNS상의 평판, 관련 설문지를 통하여 원인을 파악하여 개선 방향으로 삼을 수 있다.

푸시보다는 풀

푸시(Push), 즉 사용자의 상황과 상관없이 마케팅 메시지를 전달하는 것은 주로 전통 기업에서 사용하는 방식이다. 반면 풀(Pull), 즉 매력적인 제안으로 끌어당기는 것은 플랫폼 기업들이 성장을 위해서 사용하는 방식이다. 플랫폼에 참여하는 사용자들은 네트워크에 참여하고 관계맺기를 통해서 사용자 콘텐츠를 생산하는데, 푸시를 통한 마케팅 방식은 일시적이고 즉흥적인 충동만을 자극한다. 최근에는 개인화를 도입하여 이전 방식보다는 마케팅 효율을 높이지만 이 역시 푸시 방식에 가깝다.

반면, 플랫폼 기업에서는 회원가입부터 모든 서비스가 자발적인 서비스 구조를 통해 사용자를 끌어들인다. 친구를 초대하여 콘텐츠를 공유하도록 하는 방식에서부터 추천코드를 발행하여 추천하는 사람과 초대하는 사람 모두에게 할인혜택을 제공하는 방식도 있다. 기업이 직접 또는 알고리즘을 활용하여 참여자가 다른 참여자에게 생일 메시지, 가입 1주년, 입사 1주년, 결혼기념일 등을 알려주고 축하 메시지를 보내도록 유도한다. 사용자들은 플랫폼의 이러한 설득에 동의하기가 쉽다. 그렇다고 푸시 전략이 반드시 실패하거나 틀린 방법은 아니다. 모바일 알림을 통해 사용자의 다운로드가 일어나기도 하고 TV광고를 통해 대규모 사용자가 오기도 한다. 하지만 플랫폼의 네트워크 확산은 대부분 푸시보다는 풀 방식을 통해서 일어난다.

입소문 마케팅

네트워크 효과가 플랫폼 안에서 사람들 간의 네트워크를 형성하여 가치를 높이는 것인 반면, 입소문 마케팅 또는 입소문 광고(viral marketing, viral advertising)는 소비자들이 자발적으로 메시지를 전달하게 하여 상품에 대한 긍정적인 입소문을 내게 하는 마케팅(광고) 기법이다. 입소문은 일시적이지만 초창기 네트워크 마케팅 효과가 일어나도록 도와준다는 점에서 네트워크 확산을 위한 필요요소다. 입소문이 관심을 불러일으켜 플랫폼에 참여하게 만들기 때문이다.

2020년 이후 쿠팡의 새벽배송이 인기를 얻었다. 코로나19로 사회적 거리두기가 중요시되자 외식이나 모임을 꺼리는 것은 물론이고 식료품이나 생필품을 사는 것조차 온라인으로 해결하는 현상이 커진 것이다. 이에 쿠팡 서비스의 새벽배송이 입소문을 타고 그간 비타깃층이었던 50대, 60대에게까지 퍼져나갔다. 저녁에 주문한 아침 반찬거리가 새벽에 문앞에 배달되는 놀라운 경험을 한 이들은 서비스에 크게 만족하며 또래친구들에게 알려주기 시작했다. 코로나19로 인한 경제위기 속에서도 쿠팡은 그간 마케팅만으로 접근이 어렵던

50~60대 고객들을 입소문으로 확보하게 되었으며, 서비스에 만족한 사용자가 또다른 사용자를 끌어들이는 효과까지 보게 되었다. 의도한 것은 아니었으나, 쿠팡은 코로나19 덕분에 놀라운 입소문의 힘을 볼 수 있었다.

오픈전략

앞에서도 설명한 것처럼 플랫폼은 오픈정책을 통해서 네트워크 효과가 커진다. 플랫폼 참여자들이 일정 조건을 충족하면 제한없이 파트너로 사업을 시작할 수 있도록 하는 이유가 여기에 있다. 그래서 플랫폼 기업은 여러 영역에서 오픈전략을 펼친다.

한편 일반적인 의미와는 조금 다른 형태의 오픈전략을 취하는 기업도 있다. 애플은 제품의 품질과 관련한 부분에서 철저하게 폐쇄적 전략을 취한다. 일정 조건에 맞는 파트너가 제한없이 참여하는 것이 아니라 애플의 까다로운 기준에 충족하는 소수의 파트너만 참여를 허용한다. 일정 조건을 충족하면 무제한으로 광고파트너, 애드센스 파트너, 유튜브 파트너로 허용하는 구글과는 다른 전략이다. 오픈정책은 오히려 앱의 품질을 저하하고 고객만족도를 떨어뜨리기 때문이다.

하지만 이런 폐쇄적인 플랫폼 정책 때문에 애플은 오히려 혁신적 기능, 세련된 디자인, 고급화 등을 통한 높은 품질로 고객들을 만족시키고 있다. 더구나 기업 전체로 보면 애플의 이러한 폐쇄적 전략이 결국 오픈전략이 되기도 한다. 폐쇄적인 형태를 통해 품질을 높이고, 높아진 품질에 만족한 마니아들이 애플의 전도사 역할을 하면서 또다른 애플 사용자를 참여시키기 때문이다. 앱애니의 〈구글 플레이 10주년 보고서〉(2019년 말 발행)에 따르면 전 세계 다운로드 되는 구글 플레이와 애플의 앱스토어는 7 : 3의 비율로 구글의 점유율이 압도적이지만, 소비자 지출액의 비중을 보면 거꾸로 34 : 66의 비율로 애플이 월등히 앞선다. 구글만큼 사용자가 많지는 않지만 확보된 애플 사용자들은 구글 사용자들보다 더 많은 돈을 지출한다는 뜻이다. 기억해야 할 것은 애플과 같이 폐쇄적 전략에서도 오픈전략의 효과를 부가적으로 누리려면 그만큼의 명성과 충실한 마니아층이 탄탄하게 형성돼 있어야 한다는 것이다.

독수리는 상승기류, 플랫폼은 네트워크를 탄다

하늘의 제왕인 독수리는 더 높이 날기 위해 일반적인 새들과 다른 방법을 사용한다. 날개를 열심히 움직이며 민첩하게 움직이는 것이 아니라 높이 올라가기 위해서 수직으로 부는 바람, 즉 상승기류를 활용한다. 바람에는 수평으로 부는 것과 수직으로 올라가는 것이 있다. 비행기나 일반 새들은 대부분 수평으로 부는 바람을 활용한다. 그러나 독수리는 수직으로 이는 바람을 찾아내고, 상승기류에서 날개를 활짝 펴서 가장 높은 하늘로 올라간다. 이때 독수리는 힘들게 날개를 펄럭이지도 않는데, 상승기류에 몸을 맡기는 것만으로도 충분히 높이 올라갈 수 있기 때문이다. 독수리가 상승기류를 활용해 창공의 왕이 되었던 것처럼 플랫폼 기업은 네트워크 효과를 활용해 세계를 이끄는 기업이 되었다. 플랫폼의 폭발성장을 원한다면 네트워크 관점, 플랫폼 자체경쟁력 점검, 푸시보다는 풀방식의 선택, 입소문 마케팅, 오픈전략의 5가지 사항을 익혀두어야 할 것이다.

뉴스원픽
애플카 해도 돼요?

2022년 현재 전 세계 시가총액 1위 기업인 애플이 자율주행차 시장에 도전한다고 발표했다. 그리고 언론은 AI시대 산업소멸, 융합을 알리는 신호라고 평가했다. 애플카의 목표 일정은 2025년이고 애플의 배터리 기술이 자동차 시장으로 나갈 수 있는 기반이 될 전망이다. 자율주행차 하면 당연히 테슬라를 떠올릴 것이다. 현재 테슬라는 애플, 마이크로소프트, 아마존, 알리바바, 구글에 이은 미국 시가총액 6위 기업이 되었다. 하지만 여전히 테슬라는 1~5위 기업과 매출 면에서 5~9배가량 차이가 있다. 기업의 매출과 이익을 통한 기업가치가 아니라 미래성장가치에 대한 평가라는 말이다.

그렇다면 왜 애플은 자율주행차 시장에 도전할까? 자율주행차는 플랫폼 기업의 성장동력이기 때문이다. 플랫폼 기업으로서 애플이 선택할 목적지로 자율주행차는 매력적인 선택이다. 자율주행차는 플랫폼 기업이 성장하기 위해 필요한 다음과 같은 조건들을 갖추었다고 볼 수 있다.

1. 네트워크의 확장
플랫폼이 성장하기 위해서는 네트워크의 확장이 필요하다.

확장된다는 뜻은 네트워크의 노드(사람 또는 사물)와 링크(연결)가 늘어난다는 것이다. 애플의 자율주행차는 인터넷에 연결된 노드(자동차)가 늘어나는 것이고 그 노드(자동차)로 인해서 링크(연결)가 생기는 것이다. 그뿐 아니라 이렇게 늘어난 노드와 링크의 활성화 여부는 네트워크를 활성화시키는 역할을 한다. 단순한 확장이 아니라 활성화를 가능하게 해주는 확장이다. 페이스북의 경우 네트워크를 확장시키기 위해서 '친구 초대'를 활용했을 뿐 아니라 새로운 유저가 들어왔을 때 적극적인 지인·유명인 추천을 통해서 연결을 만드는 데 주력했다. 애플에게 자율주행차는 네트워크를 확장하고 활성화하는 활동이다.

2. 네트워크 브리징

네트워크 브리징은 서로 다른 네트워크를 연결해 주는 것이다. 사용자를 확보하고 이들의 거래에 대해서 데이터를 축적하게 해준다. 이 자산이 견고하다면 특정 산업에서 성공한 플랫폼 기업이 다른 비즈니스로 다각화하고 수익성을 개선할 수 있다. 애플은 자율주행차를 통해서 네트워크를 연결하는 브리징 효과를 누릴 수 있다. 플랫폼이 새로운 네트워크와 연결이 되면 시너지가 생긴다. 애플은 컴퓨터 〉 노트북 〉 아이폰 〉 아이패드 〉 애플와치 〉 에어팟을 연결했다. 기존의 네트워크에 새로운 네트워크가 연결되면 단번에 성장하면서 기존 네트워크도 역시 성장시키는 시너지를 발휘한다. 네트워크가 커지고 더욱 강력해지는 것이다.

3. 여가시간의 장악

플랫폼 기업들은 사용자들의 여가시간을 확보해야 성장한다. 출퇴근 시간에 사람들은 게임을 하거나 유튜브를 보거나 카톡을 한다. 99% 스마트폰을 보고 있다. 보통은 게임, 유튜브, 카톡, 쇼핑의 4가지 중 하나를 한다. 그 4가지에 선택받는 기업은 성장한다. 그래서 누가 사람들의 여가시간을 장악하느냐가 중요하다. 플랫폼 기업이 성장하는 것은 출퇴근 시간을 포함한 사람들의 여가시간을 장악했기 때문이다. 그런 애플이 아직 접근하지 못한 영역이 바로 운전할 때이다. 운전할 때는 오디오가 유용하다. 그래서 라디오, 오디오북, 오디오 커뮤니티가 성장했다. 그러나 자율주행차가 생기면 어떻게 될까? 운전자의 시간까지 장악할 수 있다.

4. 수익모델 확보

자율주행차는 플랫폼 사업자에게 없었던 수익모델을 만들어준다. 애플이 자율주행차를 판매할 경우 애플이 팔았던 제품 중에서 가장 비싼 제품을 팔게 되는 것이다. 뿐만 아니라 자율주행차 안에서 애플의 기존 하드웨어 제품과 소프트웨어 제품을 사용하게도 할 수 있다. 수익모델도 서로 연결된다.

수익률 측면에서는 어떨까? 애플은 명품 제품으로 인식된다. 명품은 원가는 많이 들지 않지만 브랜드 가치에 힘입어 비싼 제품이다. 즉, 명품이 되면 수익률이 높다는 것이다. 맥북은 200만 원, 아이폰은 100만 원, 에어팟은 25만 원, 아이패드는 100만 원이다. 그렇다면 애플카의 가격은 얼마나 될까? 애플카가 3,000만 원이라면? 아니면 애플의 구독모델에 포함되어 목돈이 없어도 애플카를 탈 수 있게 될까?

5. 사회적 가치 실현

애플 같은 거대 플랫폼 기업의 성장을 위해서는 사회적 가치가 중요하다. 코로나19 사태에 플랫폼 기업들이 많은 기부금을 냈던 이유이기도 하다. 전 세계인을 대상으로 하는 기업이 사회에 해를 끼치거나 인류성장을 방해한다면 사용자들뿐 아니라 정부에서 법적인 제재를 받기 때문이다. 기업이 성장할수록 사회에 부정적인 영향을 미치면 기업의 성장은 제한된다. 반면 기업이 성장할수록 사회에 긍정적인 영향을 주게 되면 계속 성장을 지원할 수밖에 없다. 애플은 자율주행차에 도전하면서 동시에 친환경에 기여하게 된다.

애플카 해도 돼요?

애플의 자율주행차 도전 발표는 기업의 성장비전 이상이다. 이것은 새로운 제품의 탄생을 넘어 우리의 삶에 직접적인 영향을 주기 때문이다. 과거 컴퓨터와 스마트폰이 대중화되면서 아이들은 부모에게 이런 허락을 받았다.

"컴퓨터 해도 돼요?"
"핸드폰 해도 돼요?"

소프트웨어가 일상 속에 들어온 후에는 이런 대화를 한다.

"집에 가서 카톡해!"
"쿠팡하는 중이야~."

앞으로는 이런 대화를 할지도 모를 일이다.

"애플카 해도 돼요?"
"애플카 1시간만 하고 올게."
"애플카 할래?"

18장
지루함을 견뎌내라

실망의 계곡,
그 임계점을 넘어라

플랫폼의 성장은 너무나 매력적이다. 그래서 모두 플랫폼을 만들고 고성과의 플랫폼 기업이 되는 것을 목표로 출발하지만 모두가 도착지점에서 바라던 성과를 만나는 것은 아니다. 성공확률보다 실패확률이 더 높고, 성공마저도 그 과정이 지루하기 때문이다. 〈아주 작은 습관의 힘〉의 저자 제임스 클리어는 "성공을 가로막는 가장 큰 적은 실패가 아니라 지루함이다"라고 말한다. 플랫폼의 성장은 마라톤과 같은 장거리 시합을 해야 하기 때문에 그야말로 오랫동안 지루하고 어려운 과

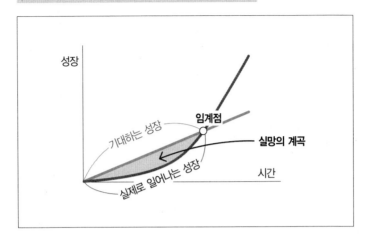

임계점 전까지의 기대하는 성장 VS 실제로 일어나는 성장

정을 통과해야 한다.

플랫폼이 가져다주는 성장을 위해서는 성장의 임계점(Critical Mass)을 넘어야 한다. 임계점을 넘기 전에는 오히려 일반적인 사업모델보다 진행도 느리고 성과도 보잘것없다. 그래서 우리는 어떤 일이 있어도 임계점을 넘어야 한다. 임계점 이후가 진짜 성장의 열매이기 때문이다.

성장을 가로막는
고통들

그렇다면 임계점에 도달하기까지 예상되는 고통은 어떤 것일까? 실망의 계곡(valley of disappointment)이라고 불리는 이 기간 동안 일어나는 일을 미리 알고 마주하게 되면 임계점을 넘기는 데 힘이 될 수 있을 것이다. 기업이 성장하기까지 수많은 변수와 예상치 못한 일들이 많기에 그것을 정확히 예측하는 것은 어렵겠지만 직접 또는 간접 경험을 통해서 반복적으로 일어나는 일을 추려보는 것은 가능하다. 그간의 경험과 주변 기업의 성공과 실패를 기반으로 성장을 가로막는 고통을 살펴보면 다음과 같다.

첫째, 플랫폼 성장 초기에는 S커브의 초창기인지 확신이 없다

플랫폼 기업이라고 해서 처음부터 성장을 하는 것은 아니다. 플랫폼 기업도 초기에는 그 성장이 너무나 느리고 미약하다. 노력해도 아무런 성장도 없고, 오히려 뒷걸음질치기도 한다. 이것이 성장의 초석이 되는 혁신의 S커브[13] 초창기라면 인내하며 견딜 수 있을 것이다. 임계점을 지나면 혁신적인 성장

13

플랫폼 성장과정은 S커브로 설명할 수 있다. S커브는 1980년대 맥킨지의 컨설턴트 리처드 포스터가 그의 책 〈한계돌파의 경영전략〉에서 소개하였다. 기술의 변화과정이 S자 모양이어서 붙인 이름이다. 초기에는 노력을 해도 쉽게 향상되지 않는다(태동기). 그러다가 어느 시기가 되면 급격히 기술이 향상된다(성장기). 다시 때가 되면 기술향상은 더디게 진행되다가 더이상 변화가 없게 된다(성숙기). 따라서 경영자는 현재 플랫폼의 성장이 어떤 단계에 있는지 파악하고 있어야 한다.

을 할 것이 기대되기 때문이다. 하지만 초기 플랫폼에서는 이 미약한 성장이 기하급수적 성장을 위한 초석인지 아무도 확신할 수가 없다. 향후 성장을 위한 기술적 기반, 파트너를 위한 관리 툴을 만들지만 이것이 당장의 성과로 연결되지 않는다. 오히려 기술적 기반보다는 사람이 직접 업무를 담당하거나 영업사원을 고용하여 직접 고객을 확보하는 것이 더 좋은 성과를 내기 때문이다. 당연히 아직은 네트워크 효과도 없다. 이런 환경에서는 투자만 진행되고 성장의 결과를 보기가 어렵기에 그 과정의 결과물들은 리더와 구성원 모두에게 힘을 주지 못한다.

둘째, 언제 임계점을 넘을지 알 수가 없다

플랫폼의 성장은 '실망의 계곡'을 지나야지만 비로소 성장할 수 있다. 그런데 언제까지 실망의 계곡에 머물러야 하는지, 언제 임계점을 넘을 수 있는지 아무도 모른다. 그래서 그 임계점을 기다리는 것도 무척 고통스럽고 지루할 수 있다. 2000년대 초반 싸이월드는 좋은 시작을 했고 조금씩 성장하고 있었으나 수익성이 부족하여 투자금이 줄어들었다. 정체가 오래되자 서비스 외의 컨설팅 프로젝트로 운영비를 꾸려가던 중 싸이월드는 갑작스럽게 매각결정을 했다. 내부에서는 조금만 더 있으면 임계점을 지나 이익이 날 것이라고 주장했지만 주주들은 '조금만 더'에 대한 기간을 정확히 보여주기를 원했다. 매각은 그대로 진행되었고 얼마 지나지 않아 놀라운 일이 벌어졌다. SK로 주인이 바뀐 싸이월드 서비스는 5개월 만에 사용자가 급격하게 몰리며 트래픽을 감당할 수 없는 상황까지 이르렀다. 싸이월드는 창업 이후 그렇게 바라던 진정한 성장을 시작하게 된 것이다. 그때부터 서비스는 폭발적으로 성장하고, 30명이 안 되던 직원들은 1천 명이 넘을 만큼 성장하게 되었다. 서비스가 성장을 시작하고 수익을 달성하기 시작하는 임계점이 언제인지 알 수 있었다면 대주주는 싸이월드를 그렇게 헐값에 매각하지는 않았을 것이다. 매각 후 5개월 동안 싸이월드에 근본적인 변화는 없었다. 혹자는 SK로 간 것이 큰 마케팅 이슈가 되었기 때문에 폭발적 성장을 했다고도 한다. 하지만, 모든 건 결과론에 가깝다. 그만큼 성장이 시작되는 임계점은 알기 어렵다.

셋째, 함께하는 사람들이 이탈한다

기하급수적 성장의 초기에는 일반적인 기업보다 성장이 느리거나 아예 성과가 나지 않기도 한다. 초기 과정에 참여하는 팀들은 누구보다 많은 시간을 일하지만 아무런 반응이 일어나지 않으니 힘이 빠진다. 성과가 없으니 보상도 없고, 실적을 위한 압박까지 받는다. 심지어 비슷한 실력의 동기나 경력자들이 다른 기업에서 더 좋은 조건으로 일하며 휴가와 보너스 등을 자랑할 때는 본인의 선택을 후회하기도 한다. 이때부터 하나둘 이탈자가 생기기 시작한다. 전통 기업에서 조직을 만들어 플랫폼 사업을 하는 팀도 마찬가지다. 현재 수익이 나고 있는 부서의 팀원들과는 달리 새로 시작하는 플랫폼 사업의 팀원들은 다른 부서로 이탈한다. 이때가 바로 비전과 팀워크가 깨지는 순간이다. 이탈자 중에는 계속 함께하지 못해 미안해하는 이도 있으나 비전에 속았다며 비난과 섭섭함을 토로하며 떠나는 이들도 많다. 이런 멤버들의 이탈로 팀워크가 완전히 깨지기도 하지만 새롭게 영입된 경력사원이 내부에서 보지 못했던 경쟁대비 장점을 부각시키며 조직에 활력을 불어넣는 경우도 있었다. 이런 상황은 이 사업에 대해 얼마나 확신이 있는지를 확인하는 시간이기도 하다.

넷째, 실적 없는 투자가 오랫동안 지속된다

플랫폼 기업을 시작할 때 구성원 모두 초기에는 성장이 더딜 것이란 각오를 어느 정도 하고 있다. 그래서 프로젝트 초기부터 실적 타령을 하지는 않는다. 책임자들의 부담감도 적고 회사도 월별로 성장지표를 요구하지 않는다. 하지만 2~3년이 지나면서 실적에 대한 압박이 들어오는데, 전통 기업의 경우 1~2년이 지나면 대표이사와 임원들이, 3년이 지나면 팀장과 모든 팀원이 좋은 서비스보다는 매출에 집착하게 된다. 실적 없는 투자가 오랫동안 이어지면 보상도 인색해지고, 결국 모두에게 힘든 상황이 벌어진다. 현재의 투자가 장기성장과 연결된다는 통찰을 가진 리더가 있다면 조직이 이 과정을 지혜롭게 넘길 수 있겠지만 대부분 미래의 약속은 멀고 현재의 고통은 가깝다. 특히 국내 대기업에서는 빠르면 9월부터 연말평가를 시작하는데, 9월 말부터 의사결정이 지연되고 연말에 성과가 나는 일에만 시간을 투자하는 부작용도 동반하게 된다. 건물, 공장, 원자재에 투자하는 것과는 다르게 투자대상이 사람과 소프트웨어이다 보니 이런 투자를 설득하는 것이나 이해하고 실행하는 것 모두 생소하고 까다로운 과정이라고 할 수 있다.

새로운 경쟁력,
지루함을 견디는 능력

모든 비즈니스에서 인내의 시간이 필요한 것은 사실이지만 플랫폼을 이야기하면서 다시 지루함을 강조하는 이유는 플랫폼 비즈니스는 전통 비즈니스에 비해 변곡점을 알기 어려우며 제대로 하고 있는 것 같으나 성과가 나지 않는 고통들이 존재하기 때문이다. 최근 구독비즈니스의 확산으로 사업의 초기부터 수익이 나는 사례들도 생기고 있어 성과를 볼 수 있는 기간이 단축되고 있기는 하지만 전통 기업에서 경험하는 성장시간과 비교하면 오랜 시간이 걸린다. 플랫폼 비즈니스를 시작했다면 지루함을 견디는 능력이 새로운 경쟁력임을 이해하여 결과를 보기 직전에 포기하는 안타까운 일은 없어야 할 것이다.

현대카드는 플랫폼 기업이 될 수 있을까?

플랫폼 기업에게 밀려 어려움을 겪을 것 같은 현대카드는 2020년 하반기에 거래데이터를 활용하여 플랫폼 기업이 되겠다는 비전을 발표했다. 이것은 금융사가 업(業)의 경계를 다르게 보기 시작했다는 것을 뜻한다. 그래서 그런지 하나은행도 플랫폼 조직으로 개편을 하면서 플랫폼 조직을 IT 개발 인력과 사업 인력이 함께 일하는 형태라고 설명했다. 그렇다면 '우리는 플랫폼 기업이 되겠다'라고 선언한 기업은 제대로 그 길을 가고 있는 것일까? 어떻게 해야 조금이라도 더 빠른 시간 안에 전통 기업의 틀을 벗고 플랫폼 기업으로 진화할 수 있을까? 이 질문에 대한 해답을 얻기 위해서 플랫폼 기업의 정의를 확인해 보도록 하자. 플랫폼 기업은 플랫폼과 비즈니스 모델 그리고 조직문화의 결합으로 정의한다고 했다.

플랫폼 기업 = 플랫폼(사업도구) + 사업모델 + 조직문화

플랫폼 기업의 정의를 확인하는 이유는 플랫폼(사업도구)은 잘 만들어졌지만 사업모델과 조직문화를 들여다보면 일반기업인 경우가 많기 때문이다. 사실 본격적인 성장을 하기 전까

지는 성과만을 본다면 플랫폼 기업과 전통 기업을 구분하기가 쉽지 않다. 오히려 플랫폼 기업은 성과(회원, 활성화, 매출, 수익 등)가 미비하다. 하지만 시간이 지나면서 사업모델이나 조직문화에 따라서 완전히 다른 특징을 보여준다. 그 특징들은 전통 기업과 플랫폼 기업을 구분하는 데 도움이 된다. 다음 4가지 기준은 지난 20년간의 성장하는 모든 빅 플랫폼 기업의 연구를 통해 발견한 공통요소[14]였다. 따라서 현대카드와 같은 전통 기업은 다음의 4가지를 기준으로 점검해 보면 좋을 것이다.

첫째, 외부자원이 성장의 핵심인가?

플랫폼 기업은 고객과 파트너 등 외부자원을 성장의 핵심으로 활용하여 성장하는데, 이는 외부업체에 외주를 주거나 전략적 제휴를 하거나 임시 고용을 하는 수준을 넘어선다. 플랫폼 기업은 비즈니스를 위한 최소한의 직원과 설비만 내부

14
살림 이스마일은 그의 저서 〈기하급수 기업이 온다〉에서 기하급수 기업의 공통요소에 대한 연구 결과를 소개했다. 거대한 변화를 불러오는 목적과 내적 요소(인터페이스, 대시보드, 실험, 자율, 소셜 네트워크 기술), 외적 요소(주문형 직원, 커뮤니티와 클라우드, 알고리즘, 외부자산 활용, 참여)의 10가지였다. 모든 기하급수 기업이 10가지 요소들을 다 가지고 있는 것은 아니지만, 업(業)의 특성에 따라 적어도 4개 이상은 갖고 있어야 경쟁자를 따돌릴 수 있다고 주장했다.

에 보유하고, 추가로 필요한 인력과 설비는 직접 소유하지 않는다. 컴퓨터와 서버 장비들도 자산으로 구매하지 않고 클라우드 서비스를 이용한다. 전통 기업에서는 내부의 데이터를 외부 클라우드 서버에 저장한다는 것이 말도 안 되는 일이라고 반대하는 일이 많겠지만 이런 주장 역시 전통 기업의 관점이다. 이렇게 하는 이유는 사용량의 증가와 감소에 유연하게 대처하기 위함이다. 트래픽에 따라 비용을 지불하니 서버는 고정비용이 아닌 변동비용이 되어 양이 적을 때는 비용을 적게 내고 고객수가 몰리는 급격한 증가에도 수개월의 서버 구매와 설치 과정 없이 즉각적으로 확장이 가능하게 된다.

실제로 전통 기업에서는 아직도 많은 기업이 컴퓨터 서버 장비를 클라우드로 전환하지 못하고 있다. 중요한 정보와 일을 외부로 맡길 수 없다는 내부 의사결정자들의 인식이 작용하기 때문이다. 과거 CJ 그룹의 엠넷은 플랫폼 서비스를 위해 외부 클라우드로 서버를 활용하지 못했다. 따라서 MAMA((Mnet Asian Music Awards)같이 전 세계 수억 명이 온라인으로 투표하고 생중계를 보는 행사를 플랫폼을 키우는 계기로 삼는 대신 트래픽 부담으로 유튜브와 페이스북으로 사용자를 분산시키기도 했다. 한 번의 행사를 위해서 전체 서버를 증설할 수는 없었기 때문이다. 외부자원을 미리 활용했다면 하루 만에 비용과 기술적 문제를 해결할 수 있던 상황이었지만 그런 준비는 하지 못했다.

플랫폼 기업은 성장의 핵심인 영업도 외부자원을 활용한다. 영업사원을 정규직으로 고용하는 대신 판매에 따른 수수료 정책을 설정하고 누구나 세일즈를 하도록 하는 것이다. 구글이나 네이버의 경우 광고가 핵심 비즈니스 상품이지만 스스로 팔지 않는다. 웹사이트 소유주나 블로거들이 광고 모듈을 넣고 클릭에 따른 수수료를 받거나 광고대행사에 수수료를 지불하고 광고주들에게 제안하고 판매하도록 한다. 이렇듯 플랫폼 기업은 소유하려고 애쓰지 않는다. 오히려 외부 파트너나 사용자들에게 중요한 부분을 맡기고 있다. 현대카드의 성장 핵심은 외부자원인가?

둘째, 모든 자원을 데이터화한다

플랫폼 기업은 고객의 접속시각, 동선, 사용시간, 결제방식, 관심분야 등 가능한 모든 것을 데이터화하여 새로운 서비스를 개발의 기초로 활용한다. 링크드인과 페이스북은 사용자들의 관심정보, 속한 그룹, 글과 사진 정보를 디지털화하였다. 현대카드와 같은 카드 회사들도 사용자의 거래 데이터를 경쟁력 있는 자원으로 판단하고 데이터화하겠다는 뜻이다. 롯데, 신세계 등 백화점의 경우 비콘(Beacon)[15]을 활용하여 실시간으로 고객의 수와 위치를 파악할 뿐 아니라 동선까지 데이터화했다. 그리고 이렇게 쌓인 데이터를 실시간으로 분석해 층별 또는 다른 위치의 매장과 비교도 하고, 근처 매장의 행사안내나 할인쿠폰 등을 고객의 스마트폰으로 전송해 주는 것에 활용한다.

디지털화된 데이터는 일회성으로 끝나지 않고 새로운 사업 기회를 만들어준다. 고객의 거래정보를 분석하면 유통기업이 대출 같은 금융서비스를 제안할 수 있게 되고, 정기구매하는 식품정보 데이터를 활용해 헬스, 의료서비스를 판매하는 신규사업에 진출하기도 한다. 유통기업이라고 생각했던 아마존이 약국 사업에 진출하고 원격의료 사업으로 확장할 수 있는 이유도 고객의 모든 활동이 데이터화되어 있기 때문이다. 데이터화의 관점에서 현대카드는 오래전부터 고객들의 거래 데이터(위치, 품목, 구매날짜 및 시간, 결제일, 대출여부 등)를 데이터화하고 있다. 현대카드가 플랫폼 기업이 되겠다고 선언하는 것도 네이버나 카카오가 가지고 있지 않은 '거래 데이터'라는 강점이 있기 때문이다. 하지만 이같은 데이터는 카드시장 점유율만큼 국민카드, 롯데카드, BC카드 등 다른 카드사들도

15
비콘(Beacon): 근거리에 있는 스마트 기기를 자동으로 인식하여 필요한 데이터를 전송할 수 있는 무선 통신장치이다. 블루투스 비콘(Bluetooth Beacon)이라고도 한다.

가지고 있다. 또한 2022년부터는 마이데이터 사업(본인신용정보관리업)을 통해 개인 금융정보가 표준 API로 공개된다. 금융위원회에 따르면 2021년 등록된 마이데이터 사업자는 국민카드, BC카드 등 대부분의 카드사와 국민은행, 미래에셋증권, 카카오페이, 토스 등 금융관련 기업 53개사이다. 이런 환경에서 현대카드는 어떻게 고객 경험을 혁신하여 이를 사업성장으로 만들 것인가?

셋째, 파괴적 혁신을 실행한다

전통적으로 큰 회사가 고객 유지에 초점을 맞추는 반면 스타트업은 기존 기업이 간과한 고객을 공략하기 위해 새로운 서비스나 상품을 제안함으로써 시장에서 발판을 마련한다. 플랫폼 기업은 이런 형태로 기존 시장에 진입한다. 그렇게 기존 시장에서 일정 영역을 차지한 후 점점 더 많은 고객을 빼앗아 주류로 성장하게 되면 시장은 파괴된다. 플랫폼 기업의 파괴적 혁신의 시작은 2000년대 초반 책이나 여행 같은 특정 산업과 특정 제품을 온라인화하는 방식으로 진행되었으나 최근에는 의료, 보험, 부동산, 피트니스 등 일상생활에 필요한 모든 업종으로 확장하여 기존 사업을 파괴하고 대체하고 있다. 금융 플랫폼 기업의 입장에서 카드회사는 혁신의 대상이다. 기존의 불편한 가입, 발급, 인증과 높은 대출 수수료 등은 플랫폼 기업이 해결하여 고객의 호응을 얻고자 하는 것들이다. 이러한 상황에서 현대카드는 금융산업을 어떻게 파괴하며 혁신할 것인가?

넷째, 10배 성장한다

플랫폼 기업이 성장하는 방식은 산술적인 성장이 아닌 기하급수적 성장이다. 해외 플랫폼 기업들뿐 아니라 한국의 신생 플랫폼 기업들 또한 이러한 특징을 보여준다. 싸이월드부터 최근 4~5년 사이에 성장한 한국의 유니콘 기업들은 모두 기하급수적 성장을 했고, 그들 역시 플랫폼 기업으로 성장했다.

숙박예약 서비스 야놀자는 2010년 연 매출 25억 원에서 2021년에는 약 3,000억 원을 넘어섰다. 모텔예약 서비스로 시작했지만 리조트, 콘도, 펜션과 게스트하우스로 서비스 범위를 넓혔으며 숙박과 연결된 항공, 렌터카, KTX로 활용도를 높였다. 지금은 파크 하얏트, 포시즌스 등 5성급 호텔까지 야놀자를 통한 예약이 가능하며, 최근에는 해외까지 진출하며 연평균 70%의 성장세를 이어가고 있다. 플랫폼 기업이 10배 성장할 수 있는 이유는 한 분야가 확고하게 성장하면 확보한 고객 접점을 활용하여 다른 업으로 확장하기 쉽기 때문이다. 사용자들도 기존 서비스와 연계하여 편리성과 혜택을 주기 때문에 이를 반긴다. 야놀자가 모텔 예약으로 시작해서 특급호텔까지 확장하는 이유이다. 그렇다면 현대카드는 현재 카드업에서 어떻게 업을 재해석하고 새로운 분야를 제시하며 지금보다 10배 성장하는 비즈니스를 만들 수 있을까?

해외에서는 페이팔, 스퀘어의 성장이 두드러지고 국내에서는 토스, 카카오페이 같은 금융 플랫폼이 기존 은행과 카드사를 위협하는 중이다. 현대카드가 플랫폼 기업으로 전환하는 것은 피할 수 없는 선택일 것이다.

19장
생태계의 판검사가 되어라

성장한 플랫폼이 기업에 기쁨과 즐거움만 안겨주는 것은 아니다. 무성한 나뭇가지가 바람에 더 많이 노출되어 흔들리듯이, 플랫폼도 성장할수록 부정적인 네트워크 효과를 피할 수 없다. 규모가 커져버린 플랫폼은 이미 거대한 커뮤니티로 하나의 국가처럼 다양한 사람들의 이해관계가 오가고, 그 과정에서 여러 문제가 생겨나기도 한다. 이를 해결하려면 정책이 더 정교해져야 하고, 문제가 발생할 때 정책에 따른 판단 또한 신중해야 한다. 수백만 명 심지어 수억 명의 사람들이 모인 곳에서는 모두를 만족시키기 어려운 게 당연하다. 어떤 정책이 세워져도 반대하고 못마땅해 하는 참여자들이 있기 마련이다. 무법사회에서 국가발전이 어렵듯이 올바른 정책이 없으면 플랫폼은 지속하지 못한다. 모두를 만족시킬 수는 없지만 더 많은 사람을 만족시키는 최선의 정책 기준이 필요하다. 다음은 정책을 수립할 때 고려해야 할 기준들이다.

사회적
수용성

플랫폼 기업의 사회적 영향력이 커지면서 기업의 CEO들은 국회청문회에도 출석한다. 미국은 아마존, 페이스북, 마이크로소프트, 구글, 애플의 CEO가 출석 대상이다. 이들은 지난 2018년, 2020년 두 차례 청문회장에 등장했다. 이유는 플랫폼 기업이 미국 경제에 해를 끼치고 있다는 주장 때문이다. 국내에서도 2017년 한 인터넷방송 플랫폼 기업의 CEO가 국회 청문회에 출석했다. 플랫폼 사용자 A가 디지털상품으로 수천만 원을 어느 방송진행자에게 선물했는데 A의 부인이 왜 수천만원 선물이 가능하도록 선물금액의 한도가 없냐며 민원을 제기했기 때문이다. 한 회사의 선물금액 한도가 국회 청문회장까지 갔던 것은 그만큼 플랫폼의 영향력이 사회적으로 커졌기 때문이다. 방송진행자에게 하루 만에 1년치 연봉만큼의 선물을 했으니 사회적 문제가 된 것이 당연했다.

플랫폼 기업은 사용자들 간의 자발적인 행위이며 불법적인 것이 없더라도 자체 규정을 강화한다. 특히 해당 상품이 기업의 상당한 매출을 차지할 경우 법적인 책임보다는 사회적 책임을 회피할 수 없기 때문이다. 성장한 플랫폼은 사회의 일부이기 때문에 때로는 플랫폼 기업의 내부규정이 현실 사회법보다 높은 기준을 가질 필요가 있는 것이다.

운영팀의
인간성

플랫폼 기업의 정책과 관련해서 오랫동안 화제가 된 것이 '싸이월드 도토리 사건'이다. 2000년 초 싸이월드 사무실로 배달된 소포에서 도토리가 쏟아져 나왔고, 동봉된 편지에는 "싸이 도토리로 바꿔주세요~^^"라는 수줍은 메모가 적혀 있었다. 당시 싸이월드에서 사용하던 유료화폐인 도토리는 1개에 100원의 가치를 가지고 있었다. 이처럼 다소 황당한 고객의 요구사항에는 운영정책상 정중한 거절의 메일을 보낸다. 운영팀에게는 고객의 불가능한 요구들이(주로 부정적인) 하루에 수백 통씩 접수되기 때문이다. 하지만 해당 사건에 대한 싸이월드 운영진의 판단은 조금 달랐다. 싸이월드를 너무 좋아하는 사용자가 귀여운 장난을 한 것이라 판단한 운영팀은 같은 방식으로 응하기로 결정했다. 담당자는 다음과 같은 답장을 보냈다.

안녕하세요~

싸이월드로 보내주신 도토리들이 사내 우편함 검열절차와 담당자 부재 등의 숱한 난관을 헤치고 무사히 도착했다는 기쁜 소식을 가장 먼저 알려드립니다.

버블랩으로 곱게 싸서 보내신 덕분에 대부분의 도토리가 큰 부상없이 도착했고, 도착 당시만 해도 풋풋한 푸른끼가 돌던 녀석들도 어느덧 갈색 카리스마를 풍기며 똘똘하고 성숙한 모습으로 변해가고 있습니다.

싸이월드가 실물 도토리를 싸이월드 도토리로 교환해 드리지는 않지만 회원님의 정성과 재기발랄함에 모든 싸이월드 식구들이 감동하였고 이번에 한하여 특별히 도토리로 지급해 드리기로 결정되었습니다.

회원님이 보내주신 도토리 158개를 싸이월드 전문 감별사께서 감정하신 결과, 자연산 야생 도토리의 자존심이라 할 수 있는 꼭지 모자가 벗겨지거나 심하게 손상되어 더이상 도토리로서 정상적인 삶을 영위하기 힘든 도토리들은 지급대상에서 탈락되었습니다.

…중략…

마지막으로 회원님께 꼭 당부 드리고 싶은 말씀은 이제 바쁘게 월동준비를 시작하고 있을 회원님 자택 주변의 다람쥐나 청설모와 같은 우리 꼬마 친구들이 포근하고 아늑한 겨울을 보낼 수 있도록 무분별한 도토리 채집은 가능한 삼가해 주셨으면 하는 바람입니다.

운영진의 답메일은 사용자의 마음을 얻는 데 성공했다. 사용자가 이 내용을 자신의 블로그에 올리면서 포털사이트로

퍼져나갔고, 여러 일간지에도 '실제 도토리 사건'으로 보도되었다. 사람냄새 나는 플랫폼의 결정은 수십억 원을 들인 TV CF와 마케팅보다 효과적이었음은 두말할 필요도 없다.

참여자들 간의
공정성

정책을 정할 때 가장 난감한 것이 참여자 모두를 만족시킬 수 없다는 사실이다. 수백만 명의 소상공인들이 활용하는 플랫폼은 정책의 변경이 매출과 직결되기 때문에 대단히 민감하다. 그렇다면 어떤 기준으로 정책을 정해야 할까? 참여자 다수가 인정할 수 있는 정책을 세우는 비결, 이해관계가 다른 참여자들이 반발하지 않는 비결은 바로 공정함이다.

포털사이트의 실시간 추천이나 연관검색어는 기업의 마케팅에 즉각적이면서도 큰 효과를 준다. 실시간 추천을 통해 자사 홈페이지로 사람들이 더 많이 유입되고, 인지도나 호감이 높아져서 브랜드 홍보나 판매에 효과적이기 때문이다. 그렇다 보니 이와 관련한 분쟁도 많다. 한 회사에서는 브랜드 연관 검색어에 성희롱이라는 단어가 계속 올라오고 있었다. 연관된 부정적인 검색어들은 한 회사의 흥망을 결정할 정도로 힘이 세다. 이에 해당 기업은 부정적인 연관검색어들을 삭제해 달라고 요청했지만, 포털사이트는 응해주지 않았다. 부정적인 사건을 감추고 싶은 기업의 입장도 이해는 되지만 고객의 알 권리도 중요하기 때문이다. 무엇보다 정해진 알고리즘에 의해 형성되는 실시간 추천과 연관검색어를 운영진이라고 해서 마음대로 삭제하고 추가할 수는 없는 일이다.

이럴 때 필요한 것이 바로 정책의 공정성이다. 위 사건의 경우 사이트와 연결된 '인터넷 자율정책 기구'에 요청해 사실 무근임을 확인하고 해결했다. 이처럼 공정함을 위해서 외부 단체를 활용하기도 한다. 옳고 그름을 떠나서 정책이 공정하지 않다고 생각하는 순간, 참여자들의 불만은 높아진다.

콘텐츠의
품질보장

페이스북은 전 세계 사용자가 방문한다. 그러다 보니 콘텐츠의 품질은 천차만별이다. 불법영상, 가짜뉴스, 음란물 등이 플랫폼에 흘러다니고, 이런 부정적인 콘텐츠는 사용자들에게 나쁜 영향을 줄 수밖에 없다. 페이스북 외에도 트위터, 유튜브, 네이버 블로그와 같은 1인 미디어 플랫폼에서는 사용자가 많아짐에 따른 콘텐츠의 품질 문제를 피할 수 없고, 이는 플랫폼 기업에게 큰 위협이 된다. 페이스북은 오래전부터 커뮤니티 규정을 알고리즘화하여 문제가 있는 콘텐츠를 AI가 선별하고, 운영자가 판단하여 삭제 또는 구제해 왔다. 이때 개인의 아이덴티티를 침해하지 않도록 조심스럽고 신중하게 접근한다. SNS는 단순 콘텐츠만 업로드되는 곳이 아닌 개인의 아이덴티티를 나타내는 디지털 사회이기 때문이다.

반면 콘텐츠 품질을 위해서 진행하는 유튜브의 정책은 페이스북과는 조금 다르다. 유튜브는 콘텐츠 보호를 위해서 좀 더 강력한 조치를 한다. 유튜브에 따르면 규정을 위반한 영상에 대한 삭제건수는 2020년 이후 계속 늘고 있다. 페이스북이 사람 중심인 반면 유튜브는 콘텐츠 중심이기 때문에 더욱 분명하고 냉철하다. 불법 콘텐츠를 선별하는 AI 알고리즘도 페이스북보다 훨씬 강력하다. 2020년 여름에는 유튜버의 뒷광고[16] 논란으로 채널이 폐쇄되고, 이에 위협을 느낀 많은 인플루언서가 연달아 사과하고 유료광고를 자백하는 일이 발생했다. 국내에서는 2014년부터 협찬광고에 '광고' 표시를 붙이도록 심사지침을 시행하고 있으나, 유튜브 수익에 의존하는 기업과 개인들이 많아지면서 이런 지침을 어기는 뒷광고가 많아졌다. 사용자를 속이는 콘텐츠가 많아지면 플랫폼의 신뢰도도 떨어지게 된다. 당장 법적으로 플랫폼 기업을 제약

16
기업으로부터 제품을 광고해 주는 대가로 돈을 받고도 본인이 직접 구매하거나 단순한 제품 협찬인 것처럼 콘텐츠를 꾸며 사용자를 속이는 행위를 말한다.

하는 사항은 없겠으나 플랫폼 기업이 먼저 나서서 제재하지 않으면 결국 그 피해는 기업에 되돌아온다. 운영정책에 포함되어야 할 요소를 구분하여 만들고, 상황이 변할 때마다 계속 업데이트하도록 해야 한다.

플랫폼 기업은 성장하는 동안 목표, 전략, 구축, 운영, 평가를 통한 혁신 사이클을 경험하게 된다. 대부분 성장과 혁신을 위해서 많은 투자와 연구를 하고 그 결과 바라던 혁신을 이루며 네트워크 효과도 일으킨다. 이때 서비스가 두 번째, 세 번째 혁신 사이클을 통해 계속 성장하려면 커뮤니티의 정책이 필수요소가 된다. 이때 플랫폼 기업의 운영팀은 생태계의 판사와 검사 같은 역할을 하게 된다. 때로는 직접, 때로는 외부 단체에 위임하여 생태계의 안전을 돌봐야 한다. 이것은 2차, 3차 성장을 가능하게 하는 경쟁력이 된다.

뉴스윈픽
애플의 아동 음란물 감시 정책

　　애플은 전 세계적으로 심각한 문제인 '아동 성 착취'에 적극적으로 대처하려는 움직임을 보여주고 있다. 단순히 캠페인을 시작하는 것이 아니라 차기 스마트폰 운영체제 'iOS 15'부터 아이클라우드(iCloud)에 저장된 사진 및 영상에 아동 성 착취물(CSAM- child sexual abuse material)을 자동 스캔하는 정책을 적용하기로 했다가 여러 의견을 반영해 도입을 연기했다. 아이메세지 스캔은 애플의 온디바이스(on-device)

아이메시지 스캔기능

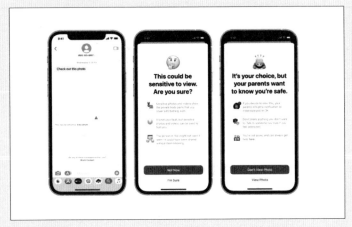

출처 : Apple

머신러닝을 사용하여 미성년자의 아이메세지 대화 중 성 착취 콘텐츠가 있는지 확인한다. 전송받거나 전송하려는 이미지가 CSAM 이미지로 식별될 시 해당 이미지는 흐리게 처리되고 경고 메시지가 뜬다. 동시에 자녀의 부모에게도 위험을 알리게 된다.

애플은 사용자의 아이메세지는 철저하게 암호화될 것이며 다른 정보를 절대 수집하지 않을 것이라고 발표했다. 그럼에도 불구하고 인권단체에서는 반대의 목소리가 나오고 있다. 미국 정보인권단체인 전자프론티어재단(Electronic Frontier Foundation)은 "모든 사람의 계정을 스캔하는 등 외부 세력의 압박에 따라 얼마든지 기능을 변경할 수 있는 시스템"이라고 비판했고, 애플은 "자동탐지시스템은 아이클라우드에 저장된 아동착취 음란물 탐색에만 제한적으로 사용되며 어떤 정부도 CSAM 외의 다른 콘텐츠를 탐지 대상에 추가하도록 강제할 수 없으며, 또한 자사의 자동탐지시스템이 구글이나 MS 등이 서버에서 불법 아동학대 이미지를 제거하기 위해 수년간 사용해온 시스템보다 기술적으로 훨씬 프라이버시에 친화적이다"라고 강조했다.

애플의 이같은 해명에도 국립실종아동 학대방지센터(National Center for Missing & Exploited children)에서 제공한 이미지와 아이클라우드 혹은 아이메세지 이미지가 일치하는지 확인하는 과정에서 사용자 데이터가 감시되거나 외부로 유출될 가능성은 존재한다. 이번 조치는 아이클라우드에 집중되어 있지만, 아동보호를 명분으로 애플이 이를 스캐닝한다는 것은 아이클라우드에 올라간 사진의 소유권을 애플이 일부 공유할 수 있다는 얘기다. 또한 아이클라우드가 아닌 개인 라이브러리에서는 CSAM 감시가 작동되지 않는다. 국립실종아동 학대방지센터의 데이터베이스와 일치하지 않는 다른 아동 성 착취 사진은 식별해낼 수 없을 가능성도 있는 셈이다.

애플의 이러한 시도는 많은 반대와 비판이 예상되는 일임에도 불구하고 플랫폼 기업으로서 바람직한 일이라고 볼 수 있다. 이번 정책으로 인해 '프라이버시'가 논란이 되고 있지만 그보다는 애플이 늘어가는 '아동 성범죄'를 심각하게 여기고 있으며 이에 대해 책임있는 고민을 하는 것이라고 보아야 하지 아닐까.

20장
사회문제를 해결하라

"이익을 좇아 행동하면, 원망을 많이 사게 된다."

〈논어〉에 나오는 이 말은 모든 사람과 기업에 공통으로 적용된다. 나의 이익만을 좇다 보면 의도하든 의도하지 않든 타인의 이익을 침해하고 손해를 끼치기 마련이고, 그로 인한 원망도 피할 수 없다. 개인에게도 누군가의 원망은 무척이나 부담스러운데 기업은 오죽할까. 더군다나 기업을 향한 원망은 감정으로만 머물지 않는다. 원망의 목소리들이 함께 뭉치면 기업을 비판하고 공격하는 강한 에너지가 될 수 있다.

왜 쿠팡 탈퇴운동이
시작되었을까?

2020년 4월 배달의민족은 수수료 체계를 개편하면서 정부와 사용자들의 반발에 부딪혔다. 소상공인연합회는 '바뀐 수수료로 대부분의 소상공인은 엄청난 폭의 인상을 감내해야 한다'고 지적했고, 사용자들은 트위터 등 SNS에서 배달의민족 정책을 비판하며 앱을 삭제하고 인증하는 운동까지 벌였다. 2021년 쿠팡의 이천 물류센터 화재에 대한 대처방식에 화난 사용자들이 앱삭제 운동을 벌였다. 뒤늦은 사과, 보여주기식 조문, 창업자의 책임회피형 직위해제가 문제가 되었다. 서둘러 피해자를 위한 모금과 화재지역 사업장의 직원들을 위한 대책을 내세우며 수습에 나서며 진정되기는 했지만 이런 쿠팡의 태도는 하루 1,000만 명이던 사용자를 800만 명까지 떨어뜨린 원인이 되기도 했다.

기업이 너무 약으면 잠깐의 성장은 가능할지 몰라도 지속성장은 불가능하다. 특히 플랫폼 기업이 성장을 지속하기 위해서는 이해관계자를 포용해야 한다. 이해관계자의 성공이 플랫폼 기업의 성공이 되기 때문이다. 기업에게 큰 희생을 해 고객과 직원, 납품업체의 이익을 대변하라는 것이 아니다. 이해관계자도 기업의 CEO와 이사회의 핵심 임원들처럼 중요한 부분이 되었으니 존중하고 위하면서 함께 성공하는 윈-윈의 전략을 짜야 한다는 얘기다.

이에 여러 플랫폼 기업들은 사회적인 영향력에 대해서 선제적 대응을 한다. 2019년 8월 애플의 CEO 팀 쿡(Tim Cook), 아마존의 CEO 제프 베이조스(Jeff Bezos) 등 미국 주요 기업의 CEO 181명이 성명을 발표했다. 그들은 성명을 통해 "기업이 더이상 주주 이익을 극대화하는 데에만 역량을 집중해서는 안 되고 고객과 직원, 납품업체 등 사회구성원 전체를 고려하는 포용적 번영(Inclusive Prosperity)을 해야 한다"고 선언했다. 이것은 선언으로만 끝나지 않았는데 애플은 2021년 중대발표를 하겠다며 '인종차별 해소' 방안을 내놓았다. 흑인 대학과 협력해 전국에 학습 허브 100여 곳을 설립하는 정책 등이었는데, 애플은 이제 제품발표만큼 사회구성원인 사용자들의 이슈를 기업이 해결해야 할 중요한 문제라고 생각했기 때문이다.

네이버 역시 이와 같은 경영마인드로 방향을 바꾸는 중이다. 즉 셀러를 또다른 고객으로 인식하는 것이다. 2021년 하반기에는 더 많은 셀러를 모시기 위해서 스마트스토어 수수료를 낮추며 셀러들의 큰 호응을 받았다. 게다가 풀필먼트 서비스[17], 클라우드·라인웍스, 광고·마케팅 활용, 네이버 파이낸셜 중심의 사업자 대출 진행, 검색·쇼핑 DB, AI를 활용한 빅데이터 분석 등의 셀러지원 모델을 구축하고 있다.

플랫폼 기업들이 "고객과 직원, 납품업체 등 사회구성원 전체를 고려하는 포용적 번영"을 선언한 것은, 그만큼 사회적으로 영향력이 커졌기 때문이다.

지속성장의 힘,
ESG

고객이 제품이나 서비스를 선택하는 기준이 사회문제 해결 여부로 확장되면서 플랫폼 기업을 측정하는 방식에도 변화를 가져왔다. 재무적인 역량과 함께 비재무적인 역량도 중요하게 여겨져 이제는 비재무적인 지표인 ESG가 플랫폼 기업뿐만 아니라 모든 기업에 중요한 평가지표로 강조되고 있다. ESG는 환경(Environment), 사회적 책임(Social responsibility), 지배구조(Governance)를 뜻하는 것으로, 단순히 돈만 잘 버는 기업보다는 환경보호를 위해 힘쓰고 사회적 책임을 다하며 투명한 경영을 하는 기업이 중요함을 강조하는 새로운 경영흐름이다.

17
풀필먼트 서비스(Fulfillment Service): 물류 전문업체가 물건을 판매하려는 업체들의 위탁을 받아 배송과 보관, 포장, 재고관리, 교환·환불 서비스 등의 모든 과정을 담당하는 '물류 일괄대행 서비스'를 말한다.(출처: 시사상식사전)

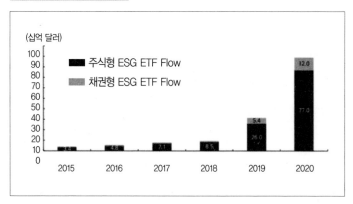

(십억 달러)

주식형 ESG ETF Flow
채권형 ESG ETF Flow

주 : Bloomberg ESG ETF 분류 기준 연간 자금 흐름을 나타냄

미국은 기업의 투자도 ESG를 종합적으로 고려한 후 투자를 한다. 미국의 경우 2019년까지 314억 달러 수준이던 ESG 펀드가 2020년부터는 890억 달러가 넘어서고 있고, 2021년에는 그 금액이 계속 증가하고 있다. 세계 최대 자산운용사인 블랙록이 ESG를 기준으로 출시한 ETF 중 가장 큰 규모는 iShares ESG Aware MSCI USA ETF(ESGU)이다. 상위 10개 보유종목을 살펴보면 애플, 마이크로소프트, 페이스북, 알파벳, 존슨앤드존슨, 테슬라 등으로 대부분이 플랫폼 기업이다. 한국의 국민연금도 2022년까지 ESG 관련투자를 전체 기금의 절반까지 확대하겠다는 목표를 발표했다. 이런 투자문화의 변화가 기업의 ESG에 관한 관심과 실천을 더욱 강화하는

역할을 하고 있다.

공존은
생존지침이다

국내에서는 아직도 연말이 되면 의례적으로 연탄배달, 김장 담그기 행사를 진행하는 기업들을 볼 수 있다. 그간 사업으로만 집중되던 기업의 시선을 연말을 맞아 주변 이웃에게 돌리고자 하는 행사가 나쁘다는 뜻은 아니다. 그보다는 사업하는 일과 사회를 돌보는 일을 구분하지 않고 사업하는 활동이 곧 사회기여로 연결되도록 해야 한다는 것이다. 네이버가 소상공인의 거래 수수료를 낮추고, 애플이 아동 성 착취 동영상에 대한 감시를 강화하는 정책을 결정하고, 구글이 향후 10년간 탄소 제로를 위해 50억 달러를 투자해 태양열과 풍력 에너지를 확보하겠다는 것처럼 말이다.

이러한 흐름은 애플 같은 거대 플랫폼 기업에 투자하는 자산운용사의 메시지를 보면 더욱 분명해진다. 2022년 초 블랙록 최고경영자 래리 핑크(Larry Fink)는 기업의 CEO들에게 보낸 연례 서한에서 '기후변화 정책을 도입하도록 요구하는 자사의 정책은 장기적 수익을 추구하기 위한 것'이라고 강조했다. 이는 고객을 위하는 길이며 지속가능성에 집중하는 일임을 분명히 밝힌 것이다.

플랫폼 기업일수록 더 많은 이익추구를 위해 이해관계자를 이용하는 것이 아니라 함께 하는 이들의 이익을 돕는 착한 기업이 되어야 할 것이다. 사회와 공존하는 것은 지속성장을 원하는 플랫폼 기업에게 최고의 경영전략이며 마케팅이며 운영정책이다.

블랙록이 선정한 ESG 기업 TOP 5

블랙록(Blackrock)은 8조 7천억 달러(약 9,570조 원)의 자산을 운용하는 세계 최대의 자산운용사이다. 따라서 기업에서는 글로벌 흐름을 보기 위해 매년 블랙록의 계획과 상품 변화를 주목한다. 실제 블랙록은 2016년도부터 ESG 투자상품을 운용하고 있는데 아래는 대표적인 ETF(Exchanged Traded Fund) 3가지이다. 상위 5개의 투자기업 중에는 글로벌 플랫폼 기업들이 많은 것을 볼 수 있다.

순번	이름	상장일	투자지역
1	ESGU	2016년 12월 1일	전 세계
2	ESGD	2016년 6월 28일	전 세계 선진국 ESG 우수기업 (미국, 캐나다 제외)
3	ESGE	2016년 6월 28일	개발도상국

1. ESGU(iShares ESG Aware MSCI USA ETF)

ESGU ETF는 전 세계 ESG 우수기업에 투자하고 있으며 운용자산의 규모는 240억 달러(28조 5천억 원)이며 전 세계 최대의 ESG ETF이다.

투자기업 TOP 5 (2022년 2월 기준)

1	애플	6.97%
2	마이크로소프트	5.51%
3	아마존	3.55%
4	테슬라	1.91%
5	엔비디아	1.68%

2. ESGD(iShares ESG Aware MSCI EAFE ETF)

ESGD ETF는 미국/캐나다를 제외한 선진국의 ESG 기업에 투자한다. 운용자산은 70억 달러(8조 3천억 원)이다.

투자기업 TOP 5 (2022년 2월 기준)

1	네슬레	2.17%
2	ASML	1.81%
3	호프만-라소세사	1.54%
4	모엣 헤네시 · 루이비통	1.21%
5	노보 노르디스크	1.19%

3. ESGE(iShares ESG Aware MSCI EM ETF)

ESGE ETF는 개발도상국을 중심으로 ESG 우수 기업에 투자하고 있으며 운용자산은 66억 달러(7조 8천억 원)이다. 중국의 텐센트, 알리바바가 상위권에 있으며 한국의 네이버는 7번째 비중을 차지하고 있다.

투자기업 TOP 5 (2022년 2월 기준)

1	TSMC	7.87%
2	텐센트	4.35%
3	삼성전자	3.97%
4	알리바바	2.79%
5	메이퇀 디엔핑	1.41%

21장
검증된 방법으로 평가하라

저렴하고,
신속하게

전통 기업들은 플랫폼 전략과 같이 전사적인 방향전환이 필요할 경우 컨설팅 회사와 함께 전략 프로젝트를 진행한다. 컨설팅 회사와 일하는 것은 체계적이고 논리적인 접근방식과 상세하고 세련된 프리젠테이션 자료를 볼 수 있기 때문에 즐거운 경험이지만 그 범위가 플랫폼 전략이 되면 진단하고 평가를 하는 과정에서는 언제나 아쉬움이 남는다. 진단하는 방법론과 결과가 시장의 크기, 경쟁사와 자사의 매출, 이익처럼 일반 기업의 경영진단 방법에 초점을 맞추고 있는 경우가 많기 때문이다. 이렇게 되면 이후의 활동은 모두 매출과 이익을 만들어내는 것에 집중되고 이익을 내지 못하는 플랫폼의 초기에는 그 잠재력을 인정받지 못하고 중단된다. 그래서 플랫폼 기업을 객관적으로 측정하는 방법에 대한 연구가 이어지고 있지만 기업의 사정에 맞추어 적용할 수 있는 권위적인 방법은 없었다. 이것은 큰 비용을 지불한다고 해도 얻을 수 있는 방법론이 아니다. 있다고 하면 개인의 경험을 통한 주관적인 자료이거나 거대한 플랫폼의 성장과정을 오랫동안 지켜보며 제3자로서 연구한 오래된 발표자료가 있을 뿐이다.

성장을 만드는
10가지 공통요소

그럼에도 불구하고 성공적인 플랫폼 사업을 위해서는 현재를 진단하고 각 영역에서 어떻게 방향성을 잡아야 할지 결정하고 실행의 우선순위를 정해야만 한다. 이럴 때는 최상의 방법은 아니더라도 최선의 방안을 찾아야 한다. 다음에 소개하는 10가지 요소는 이러한 아쉬움과 절박함 속에서 진단과 평가를 위한 최선의 방법이라고 할 수 있다.

이것은 필자가 경험한 프로젝트들과 해외 사례를 통해 발견된 공통적인 내용들[18]을 뽑은 것이다. 각기 다른 관점을 종합해서 보면 중복횟수가 많은 항목과 그렇지 않은 항목이 나오는데, 자주 언급되는 기준을 뽑고 그렇지 않은 기준을 제하고 정리하면 플랫폼 기업을 위한 가장 핵심 조건들이 남는 것으로 가정했다. 항목마다 보이는 괄호 안의 숫자는 참고내용에서 언급되었던 횟수를 뜻한다. 숫자가 클수록 많이 언급되었다는 의미이지만, 언급되는 횟수가 적다고 덜 중요한 것은 아니라고 판단한다. 예를 들어 공통요소의 10번째 항목인 사회적 기여의 경우 참고한 내용에서는 단 1번 언급되었지만 최근 ESG(Environment Social Governance)경영의 부각과 함께 플랫폼 기업의 중요한 성장조건이 되고 있기 때문이다. 공통요소 10가지는 국내 전통 기업과 스타트업의 플랫폼을 진단하고 평가하는 데 사용했다. 아래 소개하는 10가지 항목은 기업에게 큰 비용과 노력없이 자체 평가를 하는 데 유용한 지침이 될 수 있을 것이다.

1. 거대한 목표 (7)

큰 하나의 목표가 있는가?

#문제해결집중 #10배월등한제품 #문서화된핵심가치 #비전과미션

18

1) MIT 미디어랩의 9가지 지침 2) 실리콘밸리의 10가지 플랫폼 진단법 3) 회복탄력성의 7가지 조건 4) 폭발성장의 13가지 조건

2. 인재 (5)

사내에 퇴근 후 맥주 한잔을 함께하고 싶은 동료들이 많이 있는가?

#주변5명을통해성장 #후회없는채용 #플랫폼을사용하는직원

3. 기하급수 플랫폼 (6)

고객이 가치를 인정하는 기술 기반의 플랫폼이 있으며 확장 가능한가?

#경쟁우위 #지속가능성 #네트워크의활용 #양면참여자

4. 애자일 (9)

작고 가볍게 실험해 보며 과감하게 청산도 가능한 조직인가?

#실험과리스크감수 #짧은피드백주기 #회복력 #이론보다실제 #작고유연함

5. 사용자의 비즈니스 참여 (2)

고객들의 비즈니스 참여기회가 있고 이것이 비즈니스의 핵심적인 역할을 하는가?

#성과기반주문형직원 #오픈파트너 #클라우드형자동계약

6. 자동화 (5)

데이터와 알고리즘을 통한 자동화 서비스와 관리지표가 있는가?

#알고리즘 #대시보드 #중요한통계는한눈에 #자동화된데이터처리

7. 일하는 문화 (5)

브레인스토밍이나 토론하는 문화를 통해 회사정책과 서비스에 반영하는가?

#온라인협업툴 #다양성 #브레인스토밍회의 #명령보다는제안

8. 자율과 책임 문화 (3)

업무가 자율적이며 권한이 분산되어 논쟁을 통해서 해답을 찾아가는가?

#권한분산 #순종보다불복종 #책임지는사람들

9. 운영과 마케팅 원칙 (12)

성장을 위한 내부 팀이 사용하는 팁이 다음과 같거나 비슷한가?

- 최소한 20명 이상 소수의 열정적인 회원들을 양성하라
- 특징이 아니라 혜택을 알릴 수 있는 문구를 만들어라
- 성장을 위해 다른 회사의 플랫폼과 연계를 시도하라
- 고객이 보낸 이메일을 읽어라
- 직원들이 우리 서비스를 한 문장으로 표현할 수 있는가?
- 순추천지수(Net Promoter Score)를 중요하게 생각하고 측정하는가?
- 사용자들이 1일/7일/30일 간격으로 정기적으로 방문하는가?

#운영원칙 #NPS #정기방문

10. 사회적 기여 (1)

플랫폼이 성장하면서 환경, 빈곤, 교육, 불평등 같은 사회적인 문제도 같이 해결되는가?

#사회참여 #일시적이지않은 #수익의사용

플랫폼 기업의 평가를 위한 10가지 요소를 요약해서 정리하면 다음과 같다.

플랫폼 기업은 고객문제 해결을 위한 ①거대한 목표를 가지고 미션과 비전을 중심으로 ②인재들이 모인다. 실험적인 ③플랫폼을 ④빠르고 작고 가볍게 만들어(인력/자산/클라우드) 시작한다. 비즈니스 파트너로 ⑤사용자를 적극 참여(사업파트너)시키고, 모든 영역에서 ⑥자동화할 것들을 찾아 적용한다. 다양성을 존중하는 ⑦일하는 문화를 만들고, 프로젝트 팀에게 ⑧자율과 책임을 준다. 플랫폼 참여자들이 공감 가능한 ⑨

운영원칙이 있으며, 사용자 추천(네트워크 효과)을 통해 성장하며, 성장과 ⑩사회적 기여가 연결된 기업이다.

위의 10가지 요소를 회의시간에 활용해 보자. 짧은 주제로도 좋고 워크샵의 주제로도 좋다. 팀이나 전체 직원들에게 '그렇다' '보통이다' '그렇지 않다'로 측정해 보게 하고 종합된 결과를 같이 공유해 보자. CEO를 대상으로 진행하는 프로젝트를 평가하도록 했을 경우 후한 점수를 주는 경우가 많았지만 같은 질문으로 직원들에게 무기명 평가를 했을 경우에는 뼈아픈 단점과 한계에 대한 이야기들을 많이 볼 수 있었다.

뉴스원픽
디지털 트랜스포메이션이 실패하는 이유

실패확률 90%

글로벌 컨설팅기업인 매킨지&컴퍼니의 발표에 의하면 디지털 트랜스포메이션을 시도하는 기업의 70%가 기간 내 완수하지 못한다고 한다. 만약 측정기준을 '기간 내에 완수한 것'이 아니라 '전과 후의 성과'로 바꾼다면 실패확률은 90% 이상으로 올라갈 수도 있다. 그만큼 디지털 트랜스포메이션은 어렵고 힘들다. 전통 기업은 국내외 유명 강사들을 초빙해 이른 새벽부터 조조 세미나를 열고 수시로 포럼도 개최한다. 구성원들에게 디지털 트랜스포메이션의 중요성을 강조하기 위해서이다. 새벽부터 주말까지 기업 전체를 들썩이며 변신의 노력을 기울인 덕분에 디지털 트랜스포메이션을 완료한 듯 보인다. 그런데 어쩐 일인지 계속 아쉬운 것들이 많다. 중고차를 타다가 같은 모델의 새 차로 바꾼 느낌이다. 차를 바꿔 기분은 좋은데 디자인과 기능은 그대로이고 유지비는 더 올랐다. 기업의 디지털 트랜스포메이션도 이와 비슷하다. 뭔가 변한 것 같으나 여전히 변하지 않은 익숙한 느낌이 더 강하다. 디지털 트랜스포메이션이 빠지기 쉬운 4가지 함정 때문이다.

첫째, 일하는 방식에 변화가 없다

　기업의 디지털 트랜스포메이션은 구성원들의 일하는 시간을 줄여주고 업무방식을 혁신적으로 바꿔준다. 이를 위해서 협업 소프트웨어가 도입되고 단순노동을 대체하는 기술 솔루션을 적용한다. 하지만 일하는 방식을 바꾸지 않은 채 기술만 덧붙이면 별다른 효과가 없다. 온라인 미팅을 하지만 면대면 회의는 줄지 않고 전자결재를 도입했지만 오프라인 보고가 병행되기도 한다. 일하는 방식과 절차는 그대로인 채 종이에서 하던 일을 모니터 화면으로 옮겨와서 하는 것뿐이다. 무엇을 위한 혁신인지 분명하게 설정하지 않으니 혁신을 위한 혁신에 머물고 마는 것이다.

실패 : 기대와 일의 불일치

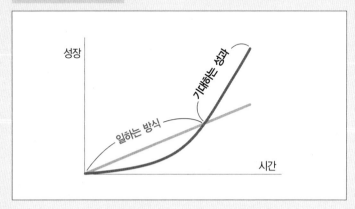

스타벅스의 디지털 트랜스포메이션 과정을 살펴보자. 스타벅스의 '싸이렌 오더'는 2014년 국내에 도입되었는데, 전통적인 오프라인 기업인 스타벅스를 IT기업으로 불리게 할 정도로 강력한 효과를 발휘했다. 스타벅스 모바일앱에서 선불충전 후 음료를 앱으로 주문하는 싸이렌 오더는 이후 여러 커피숍과 프랜차이즈 업계의 '스마트 오더' 대중화로 이어져 이디야, 투썸플레이스, 탐앤탐스, 폴바셋, 할리스커피 등이 앱으로 주문하고 결제할 수 있는 서비스를 잇달아 선보였다. 스타벅스는 "자체 앱 주문 시스템 도입 이후 매출이 20%가량 늘었고 이는 매년 증가하는 추세"라고 했다. 이것은 데이터의 힘이 더해진 결과라고 할 수도 있다. 앱으로 주문한 덕분에 사용자에게서 발생하는 데이터를 분석하고 상품개발과 마케팅에 활용하고 있다. 디지털 기술을 활용해 매출 증대와 신규 서비스 개발을 동시에 달성한 셈이다.

둘째, 사람의 교체가 없다

디지털 트랜스포메이션을 미궁으로 빠뜨리는 것은 의외로 그것을 이끄는 리더인 경우가 많은데, 이는 애초에 혁신의 리더를 잘못 선택했기 때문이다. 전산실에서 서버관리나 하청업체 관리를 하던 이에게 디지털 혁신의 임무를 맡기면 어떻게 될까? 오랫동안 전산기기와 함께했을 뿐 뼛속까지 기존의 방식에 익숙한 사람이면 곤란할 수 있다. 설령 디지털 트랜스포메이션을 이끄는 리더가 경험이 많은 혁신적인 인물이라 해도 기업의 오너나 주변의 의사 결정권자들이 전통적인 사고에서 벗어나지 못한다면 결국 바라던 성과를 얻지 못할 가능성이 크다. 매킨지&컴퍼니의 트랜스포메이션 리더인 해리 로빈슨은 상당수 기업이 '파일럿의 함정(Pilot Trap)'에 빠진다고 지적한다. 파일럿 함정에 대해 그는 국내 언론과의 인터뷰에서 다음과 같이 설명했다.

"보통 기업들은 일부 사업부에서 트랜스포메이션을 시작한다. 그런데 이 파일럿 프로젝트가 끝날 때쯤 경영진이 착각한다. 한번 해본 것으로 기업의 트랜스포메이션이 끝났다고 보고 멈춰버린다. 그 수준을 뛰어넘지 못하고 방향을 잃어버리는 상태를 파일럿의 함정이라고 말한다."

필자가 몸담았던 SK, CJ, 롯데 모두 오너의 영향력이 막강한 대기업이었다. 계열사 CEO나 프로젝트 리더에게도 투자는 항상 상급조직의 결재가 필요했기 때문에 주어진 권한은 제한적이었다. 이러한 이유로 국내 전통 기업들의 플랫폼 사업인 웨이브, 티빙, SSG는 지분투자를 받아 의사결정 구조를 바꾸거나 플랫폼 기업들과 지분을 교환하여 새로운 경영방식을 도입하는 사례도 늘고 있다. 조직의 의사 결정권자들의 교체나 혁신 없이 이루어지는 디지털 트랜스포메이션은 중도에 멈추고 다시 원래대로 되돌아가거나 방향을 잃고 좌초할 위험이 크다.

셋째, 디지털 자산의 활용이 없다

요즘은 모든 기업이 디지털 자산을 가지고 있다. 빅데이터를 중요하게 여기고 있고 글로벌 빅 플랫폼의 영향력에 대해서도 너무나 잘 알고 있기 때문이다. 그런데도 정작 그것을 활용하는 경우는 드물다. 기존에 오프라인에서 했던 방식이 더 편하고 빠르기 때문만은 아니다. 빅데이터 플랫폼이 만들어졌어도 수집되는 데이터는 사용할 수 있는 형태로 정돈되지 않고, 빅데이터 분석을 통해 사용자에게 가장 적합한 제안을 주자는 마케팅 계획은 단기적인 마케팅 계획에 밀려나는 신세이다. 결국 산처럼 쌓인 디지털 자산은 정돈조차 되지 못한 채 프로젝트가 마무리되기도 한다.

넷째, 성장의 방식에 변화가 없다

디지털 환경에서는 성장하는 방식이 기하급수적이다. 그런데 디지털 트랜스포메이션 이후에도 기업의 성장방식이 오프라인에서의 방식을 유지하고 있다면 그것은 실패한 디지털 트랜스포메이션이나 다름없다. 오프라인의 성장방식은 순차적이다. 매장이 늘어야 고객이 늘고, 마케팅비용이 늘어나야 매출이 늘어난다. 디지털 트랜스포메이션 이후에도 매출이 이렇게 늘어난다면 이는 사용자를 스스로 참여하도록 해주는 자동화된 알고리즘 타깃팅, 연관추천, 참여에 따른 보상시스템 구축을 간과한 탓이다.

디지털 트랜스포메이션은 결국 고객경험의 혁신과 더불어 성장방식의 획기적인 변화가 목표가 되어야 한다. 1차 방정식이 2차 방정식으로 변하는 것이 아니라 1차 방정식이 지수함수로 변하는 성장을 기대하는 것이다. 오프라인을 온라인으로 힘겹게 전환했다면 이제 성장방식의 전환이 필요하다.

성장방식을 바꾸는 것

최근에 디지털 트랜스포메이션 프로젝트를 진행했다면 결과는 어떠한가? 짐작컨대, 성공했다고 평가하기 어려우나 그렇다고 실패한 프로젝트라고 선뜻 말할 수도 없을 것이다. 이미 많은 투자가 이루어진 상태에서 평가를 부정적으로 한다는 것이 부담스럽기 때문이다. 게다가 고생한 동료에게 굳이 날카로운 평가를 하고 싶지도 않다. 그럼에도 평가는 냉정해야 다음의 도전을 기대할 수 있다. 앞서 소개한 4가지 함정 외에도 수없이 많은 벙커가 존재할 것이다. 각기 상황은 다르겠지만 빠졌던 함정을 돌아보고 반복되지 않도록 하는 것이 중요하다.

22장
두 번째 성장을 준비하라

플랫폼은 성장의 단계마다 근본적인 변화를 겪는다. 초기성
장에 효과가 있었던 접근법이 플랫폼의 성숙기 단계에서는
유효하게 작동하지 않는 경우가 대부분이다. 플랫폼 시장에
진입하기 위한 혁신의 성장법과 성장 이후 단계에서는 접근
법에 분명한 차이가 있다. 플랫폼의 초창기 성장법과 지속성
장을 위한 두 번째 성장법은 무엇이 다를까? 이를 살펴보기
위해서 타깃, 시간, 관심, 성장법, 조직문화, 사회적 기여의 6
가지로 나누어 살펴보도록 하자.

타깃 :

대중에게 초점을 맞춘다

플랫폼 초창기 혁신의 타깃은 얼리어답터(초기혁신가)이다. 혁신을 수용하는 소수의 인원을 만족시키는 것에서부터 시작한다. 반면 성숙기 지속성장을 위한 타깃은 대중이다. 기존에 확보한 고객을 대상으로 서비스가 기획된다. 초기 애플의 아이폰은 디자인 혁신에 열광하는 소수의 사람들이 타깃이었지만 지금 애플의 구독서비스 '애플원'은 10억 명의 사용자를 대상으로 한다. 지속성장을 위한 타깃은 얼리어답터가 아니라 대중으로 바뀐다.

시간 :

서두르지 않는다

시장진입을 위해서는 타이밍과 즉각적인 피드백이 중요하다. 시장과 제품의 궁합을 모르기 때문에 빠른 시간 안에 출시하고 고객의 피드백을 받아야 한다. 오랜 기간 준비하는 것에 익숙한 전통 기업은 플랫폼 비즈니스에 취약할 수밖에 없다. 구글 벤쳐스에서는 구글이 투자한 회사를 대상으로 초기 성장 컨설팅을 하는데 린(lean) 방법론이나 애자일(agile)처럼 빠르게 시도하고 수정하는 방법도 부족하다고 느낀다. 그래서 딱 5일 만에 솔루션을 찾는 스프린트(sprint) 방법론을 사용한다. 반면 지속성장이 중요한 단계에서는 무리하게 서두르지 않는다. 기존에 구축한 네트워크를 효과적이면서도 안정적으로 활용해야 하기 때문이다. 따라서 한번 성장한 플랫폼 기업은 지속성장을 위해 서두르지 않고 적합성과 높은 수준의 품질을 확보한다.

관심 :
대중들의 일상생활

초창기 혁신을 위한 성장법에서는 얼리어답터가 타깃이다 보니 혁신의 관심사도 아주 작은 영역이다. 배달, 집수리, 중고거래, 송금 같은 플랫폼들은 처음에는 모두 소수만이 관심을 가지던 영역이었다. 이에 반해 지속성장을 위한 서비스의 관심은 대중들이 일상생활에 필요한 것들이 된다. 일상에 필요한 서비스를 만들거나, 만들어진 서비스를 인수 · 합병하여 플랫폼과 연결한다. 쇼핑몰 만들기, 간편결제, 통장, 보험, 온라인 투자 등의 플랫폼은 불과 몇 년 전까지만 해도 오프라인을 중심으로만 대중들이 사용하는 서비스였다. 그런 서비스들이 플랫폼의 형태로 발전하거나 플랫폼 기업과 연결되어 강력해진다. 그래서 플랫폼의 목표는 각기 다르게 시작했지만 모두 생활 플랫폼을 지향한다.

성장법 :

네트워크 브리징

초기 혁신 단계에서 플랫폼은 살아남기 위해 모든 수단을 동원하여 성장을 도모한다. 이벤트, 홍보기사, SNS 마케팅, 초대, 할인, 제휴, 현금지급 등 모든 것이 성장을 위한 방법이다. 하지만 지속성장이 목표인 플랫폼은 성장을 위해 기존 플랫폼의 힘을 활용하여 시너지를 발생시킨다. 성공한 하나의 네트워크는 다른 영역으로의 비즈니스 확장을 도우며 새로운 네트워크를 강화하는 데 힘을 실어준다. 네트워크의 속성상 새로운 네트워크가 생길 때 각자 잘하면 서로 연결되어 성장성이 높아지는 네트워크 브리징 효과[19]가 나타나기 때문이다.

초기성장과 지속성장의 서비스 접근법 비교

서비스 접근법	초기성장	지속성장
대상고객	얼리어답터	대중
출시시간	짧다	길다

19

여러 개의 다른 네트워크가 서로 연결되어 큰 성장이 나타나는 효과를 뜻한다. 플랫폼 기업이 한 분야에서 큰 성공을 거두고 사업을 다각화할 때 초기부터 급격한 성장을 보여주는데 이는 네트워크 브리징 효과 때문이다.

서비스 주제	특정 관심사	생활에 필요한 전반
성장법	모든 수단을 동원	기존 플랫폼 활용
조직문화	가족적	공식적
사회적 기여	부가적 요소	필수요소

조직문화 :

국가를 운영하듯이

기업이 성장할수록 직원도 계속 늘어나서 가족처럼 일하던 초창기의 조직문화는 사라진다. 가족 같던 조직문화는 도시나 국가를 운영하는 것처럼 공식적이고 체계적으로 변하고 식사나 티타임을 하면서 이루어지던 소통방식도 일사불란하게 움직이지 않는다. 기업이 성장하게 되면 다양한 성향을 가진 다수의 직원을 한 방향으로 움직이고 설득해야 하기에 사적이고 즉흥적인 문화보다는 공식적이고 체계적인 문화가 힘을 갖는다.

사회적 기여 :

핵심적인 마케팅 수단

초창기 혁신적 성장의 단계에서 사회적 기여는 필수가 아닌 선택이다. 기업의 생존조차 보장할 수 없는 상황에서 사회적 기여까지 생각할 여력이 없으니 살아남는 것이 우선시된다. 반면 지속성장 단계에서의 서비스는 사회적 기여가 중심이다. 앞서도 설명했듯이 사회적 기여는 플랫폼 기업에게 부가적 요소가 아니라 지속성장을 위한 필수조건이다. 예산의 사용, 기업의 사회참여 활동뿐 아니라 서비스 자체에서도 사회적 기여의 여부가 고려된다. 네이버는 1차 성공 이후 사회공헌 플랫폼 '해피빈'을 출시했으며, 메타버스 플랫폼 '유니티'는 기업공개 직후 '소셜 임팩트' 부서를 통해 3D 콘텐츠를 발굴하고 있다. 폐기물로 오염된 바다 속 탈출 게임 사무드라(Samudra), 복식호흡으로 불안과 우울함을 대처할 수 있도록 하는 딥 VR(Deep VR) 같은 콘텐츠를 통해 사회적 문제에 접근하고 있다. 반면 사회적인 나쁜 기여가 얼마나 심각한지도 볼수 있다. 2021년 말 페이스북 내부 직원은 월스트리트저널에 페이스북이 사회에 악영향을 끼치는 사실을 알면서도 묵인했다는 제보로 큰 파장을 일으켰다. 페이스북 경영진은 인스타그램이 다른 소셜미디어에 비해 10대에게 더 나쁘며, 이용자들을 중독시키기 위한 알고리즘으로 개편한 후 사회의 분노 레벨이 증가했다는 사실을 알면서 묵인했다는 것이다. 대외적으로는 페이스북 인스타그램의 사회적 병폐를 줄이기 위해 많은 부분 노력하고 있다고 말하고 있지만 실제로는 그와 달랐다는 것인데 기업으로서 이보다 더 나쁜 마케팅은 없을 것이다. 페이스북의 마크 저커버그 CEO는 전 세계 사용자와 내부 직원에게 신뢰를 얻어야 하는 위중한 상황에 처했고 이날 페이스북의 주가는 4.9% 하락했다.

핵심은
차별화된 가치

성장한 플랫폼에서는 위의 6가지 사항을 고려해야 지속성장이 가능하다. 이미 어느 정도의 성장을 거둔 상태에서는 시장에 진입하던 초창기보다 상대적으로 쉽다. 물론 이것은 확률적인 결과일 뿐 실패한 사례들도 있다. 한번 성공한 플랫폼 기업의 지속성장 실패사례는 2009년 네이트와 싸이월드의 서비스 통합에서도 볼 수 있다. 검색시장에서 네이버, 다음에 이어 3위였던 네이트는 SNS시장 1위의 싸이월드를 활용하여 검색포털 경쟁에서 점유율 상승을 기대했지만 싸이월드의 성장동력만 감소시키는 결과를 가져왔다. 페이스북이 중국의 틱톡을 카피해 서비스한 비디오 음악 앱 라쏘(Lasso) 서비스도 출시 2년 만인 2020년 7월 종료했다. 앱스토어 정보를 제공하는 센서타워(Sensor Tower)에 따르면 라쏘의 미국 내 다운로드 수는 60만 건에 불과했다. 페이스북에 비하면 초라한 성적이다. 모두 초기성장 단계를 넘어 전 국민이 사용하는 서비스였지만 사용자들에게는 '차별화된 가치'를 제공하지 못했던 것이다.

사람들이 매일
사용하는가?

한번 성장한 플랫폼은 지속성장이 최대의 관심사이다. 지속성장을 위해서 계속 혁신해야 하지만 이때의 혁신은 첫 시장 개척 때와는 다르다. 지속성장을 위한 플랫폼의 서비스는 기존에 없었던 것을 제공하는 혁신이 아닌, 대중들이 오프라인과 온라인에서 이미 활용하고 있는 것을 플랫폼과 결합하여 필요한 것을 채워나간다. 그리고 그렇게 출시된 서비스는 기존의 네트워크와 연결되어 다시 성장한다.

그렇다면 앞으로 어떤 서비스가 플랫폼과 결합하여 사람들의 생활을 변화시키게 될까? 지금까지 플랫폼으로 구현되지 않았으나, 사람들이 일상적으로 사용하고 있는 서비스가 그 대상이 될 것이다. 현재 자동차(자율주행), 의료(원격진료), 소매산업(디지털쇼핑), 광고(증강현실), 엔터테인먼트(OTT, 가상공간), 교육(인공지능 + 가상현실), 헬스(홈트레이닝) 등이 변화를 보이고 있다. 또한 산업적으로 큰 비중을 차지하는 금융, 보험, 부동산부터 에너지, 환경, 정부, 비영리단체로 적용범위가 넓어지고 있다. 미래의 비즈니스를 준비하고자 한다면, 지금은 플랫폼과 접목되지 않았으나 사람들이 일상적으로 사용하는 것에 관심을 가져야 한다. 한국의 토스는 금융을, 미국의 레모네이드와 오픈도어는 각각 보험과 부동산을 플랫폼과 접목하여 성장중이다.

네이버가 카페24의 대주주가 된 이유

　　국내 대표 플랫폼 기업인 네이버는 2021년 8월 카페24의 지분 20%를 인수함으로써 최대주주가 되었다. 카페24는 쇼핑몰을 쉽게 구축할 수 있도록 도와주는 플랫폼이다. 네이버는 그간 강점인 검색을 기반으로 블로그와 카페를 출시하고 음악, 지도, 웹툰, 부동산, 쇼핑 등으로 확장하며 검색 포털에서 플랫폼 기업으로 성장했다. 또한 쇼핑과 N Pay 같은 결제 서비스로 이미 구축된 네트워크를 연결하여 확장하는 중이다. 음악을 연결할 때는 검색 결과에 음악이 노출되어 검색 사용자가 음악 서비스로 연결되도록 했고, 결제 서비스를 출시했을 때는 스마트스토어에서 기본으로 결제를 사용하고 포인트 혜택을 주는 방식으로 네트워크를 연결하여 사업을 성장시키는 방법론으로 활용한다.

　　네이버의 카페24 인수도 한번 성장한 기업이 두 번째 성장을 위해 사용하는 네트워크 브리징을 통한 성장방법이라고 할 수 있다. 네이버는 카페24를 통해 스마트스토어 운영자들이 카페24의 해외 인프라를 활용할 수 있게 했다. 이미 카페24는 일본을 비롯한 동남아시아에 해외 판매를 위한 마케팅, 물류, 배송 등의 인프라를 제공 중이다. 또한 카페24 쇼핑몰

에 라인의 간편결제 수단과 메신저를 공식 커뮤니케이션 채
널로 활용하여 경쟁력을 높이는 수단으로 활용하고 있다.

아마존이 초창기의 인터넷서점을 넘어 약국, 슈퍼마켓, 금
융서비스로 진출하는 것도 이런 이유에서다. 아마존은 커머
스 네트워크를 기반으로 성공적인 플랫폼을 구축하고 확장을
마쳤다. 게임중계 서비스인 트위치, 비디오 스트리밍 서비스
인 비디오 프라임, 전자책 킨들, 음성기반의 스피커 알렉사 등
으로 확장하더니 온라인을 넘어 오프라인 편의점 아마존고,
야채와 과일을 파는 홀푸드, 오프라인 서점 등이 네트워크 브
리징으로 빠르게 성장하고 있다.

3 부

플랫폼 세상을 위한 준비

GROWTH
PATTERN

23장
변화 : 우리는 겨우 1% 지점에 와 있다

플랫폼 기업은 더 빠르게 발전하는 기술들을 연구하고 활용하는 것에 선제적으로 투자한다. 이렇게 할 수 있는 이유는 플랫폼이 일정 규모에 다다르면 순차적으로 느리게 진행되던 성장의 속도가 급격하게 변하며 투자한 노력을 한꺼번에 회수하는 것이 가능하기 때문이다.

아마존의 경우, 2017년 12월 31일 749달러였던 주가가 2018년 8월 31일에는 2,012달러를 찍었다. 불과 8개월 만에 2배 이상의 성장을 한 것이다. 애널리스트들은 아마존이 이후로도 꾸준히 성장할 것으로 예상한다. 어떻게 1년도 안 되는 짧은 기간에 기업가치가 2배 이상 성장할 수 있을까? 규모가 작은 기업이라면 그럴 수도 있다지만 이미 성장할 대로 성장한 기업이 이런 혁신적인 성장을 한다는 것이 선뜻 믿기지 않을 수도 있다. 그럼에도 이것은 사실이며, 아마존과 같은 기하급수적으로 성장하는 기업에서는 충분히 가능한 일이다.

아마존의 성장곡선

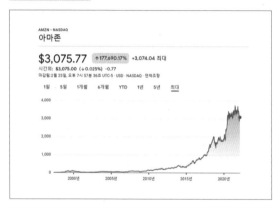

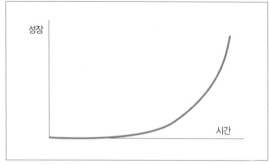

1,000억 개의 사물인터넷이
연결된다

아마존의 지난 성과를 보면서 지금 플랫폼의 변화에 합류하기에는 너무 늦지 않았나 하겠지만 플랫폼의 성장 기반이 되는 연결점, 즉 인터넷에 연결되는 사람과 사물들이 어떻게 커져가는지를 상상해 보면 지금은 앞으로 변화되는 세상의 초창기라는 것을 알게 된다.

스테이티스타(Statista)에 의하면 "2019년 77억 개의 사물인터넷이 있었지만 2025년에는 160억 개, 2030년에는 250억 개의 장치가 인터넷에 연결되어 있을 것"이라고 전망했다.

2019~2030년 세계 사물인터넷 증가 예상 수 by Statista(2021)

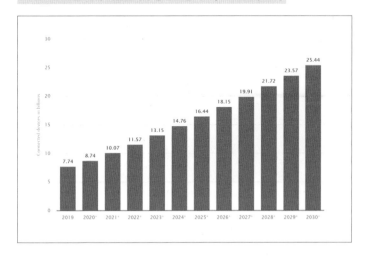

컨설팅회사 매킨지는 2025년까지 1,000억 개가 될 것으로 전망했고, 소프트뱅크 손정의 회장은 2018년 10월 특별강의에서 30년 후에는 1인당 1,000개의 사물들이 초연결되며 지구 전체적으로 10조 개(10trillion) 사물들이 인터넷에 연결될 것이라고 예측했다.

기술발전의 예측이기에 전문가에 따라 숫자와 시기는 다소 차이가 있지만, 이들 모두 현재의 변화가 이제 겨우 시작에 불과하다는 말을 하고 있다. 여러 조사기관의 예측을 종합해 보면, 현재의 연결된 사물의 진행상태는 1%도 안 된다. 이는 어떤 기업에든 희망적인 환경이다.

그렇다면 1인당 1,000개의 사물인터넷(Internet of Things, IoT)이 연결되면 어떤 변화가 있을까? 인터넷에 연결된 의복, 장신구, 안경, 체중계, 자동차, 의료기기 등이 생겨나면서 이전에 없었던 데이터 기반의 새로운 서비스들이 많아진다는 뜻이다. 카카오는 인터넷에 연결된 체중계를 출시했는데 체중계를 통해서 체지방, 근육량 데이터를 수집하고 앱을 통해 매일의 건강관리 상태를 리포팅하고 필요한 몸상태를 유지하도록 도와준다. 인터넷에 연결된 장치들의 크기는 앞으로 더 작아져서 초미세 장비가 우리 몸의 혈류를 따라 흐르며 데이터를 수집할 것으로 예상하고 있다. 현재보다 더 정밀하게 몸상태를 체크하면서 연결된 의료기관과 공유해 관리하는 것도 가능해질 것이다. 이와 같은 기술의 발전은 그간 인터넷과 큰 상관이 없을 것 같던 농업 분야에서도 변화를 줄 수 있다. 농장에 연결된 사물인터넷은 토지와 대기 중의 수분 함유량을 모으고 이를 분석해 작물을 더 건강하게 키우면서도 생산량을 증대시키는 데 직접적인 도움을 줄 수 있다.

인터넷에 연결된 수많은 센서들을 통해 수집된 데이터를 실생활에 적용 가능하도록 하는 컴퓨터 기술은 꿈의 영역이라 불리는 양자 컴퓨터(Quantum Computing)[20]까지 발전하여 꿈의 조각을 맞추고 있다. 지금은 모든 것이 연결되고 있으며 플랫폼은 센서들을 통해 더 많은 데이터를 수집하고 분석할 것이다. 플랫폼은 기업의 혁신 비즈니스를 넘어 공공기관, 교육, 사회, 농업, 의료의 각 영역과 융합되어 변화와 혁신을 만들어낼 것이다.

20
양자역학을 활용하여 계산을 수행하는 기술을 의미한다. 반도체가 아닌 원자를 기억소자로 활용하며, 슈퍼컴퓨터의 한계를 뛰어넘는 미래형 컴퓨터 기술로 불린다.

뉴스원픽
웹3는 인터넷의 미래가 될 수 있을까?

혁신기업 투자가 '안데르센 호로위츠'는 웹3가 플랫폼 시대를 마무리하고 인터넷의 미래가 될 것이라고 주장했다. 그는 1995년 인터넷이 처음 보급되던 시기에 '넷스케이프(Netscape)'를 만든 사람으로 이후 페이스북, 에어비엔비, 인스타그램, 코인베이스, 스카이프, 클럽하우스 등에 투자하며 유명해졌다. 그런 그가 '웹3가 인터넷의 미래'라고 하니 관심을 가질 수밖에 없다. 그렇다면 웹3란 무엇일까? 웹3를 간단하게 말하면 페이스북, 에어비엔비 등과 같은 플랫폼을 사용자들에게 돌려주자는 운동이라고 할 수 있다. 그의 설명은 다음과 같다.

"페이스북, 트위터 등과 같은 플랫폼 서비스들은 오래되면 다 비슷해져요. 처음에 그들은 사용자들과 창작자, 개발자, 기업 등을 끌어모으기 위해 여러가지 당근을 줍니다. 그래서 자신의 플랫폼에 여러 사람들을 모아서 플랫폼 효과를 만들려고 하죠. 그러다 보면 점점 플랫폼 운영자보다는 사용자들과 창작자들의 힘이 커지기 시작합니다. 이제 플랫폼 운영자와 사용자들의 관계는 상생하는 관계가 아니라 누구 하나 이득을 보면 다른 사람이 손해를 보는 경쟁적인 관계가 되어버립니다. 여기까지가 웹2.0에 대한 이야기입니다. 하지만 웹3의 시대가 되면 이야기는 달라집니다. 사용자들과 창작자들은 플랫폼의 일부를 토큰의 형태로 받습니다. 이렇게 되면 플랫폼 운영자와 사용자들의 경계는 사라지고 플랫폼의 성장이 소수의 대주주에게만 축적되는 것을 막습니다."

웹3는 블록체인과 메타버스 그리고 NFT 기술의 발전과 함께 주목받고 있으며, 탈중앙화와 자율을 보장하는 평등한 시스템을 지향한다. 현재의 웹2.0이 플랫폼 기업의 독점 하에 막강한 파워를 행사하는 것과는 다르다. 그것을 가능케 하는 기술인 블록체인이 있기 때문이다. 웹3는 클라우드를 통해 중앙집권적으로 활용하는 것이 아니라 분산된 컴퓨터 환경을 활용해 데이터 이용내역을 모두가 볼 수 있게 관리한다. 또한 NFT 기술을 활용하면 어떤 플랫폼에서도 개인의 디지털 자산에 대해 저작권 보호를 받을 수 있다. 기업은 독점적인 권력을 갖지 못하고 사용자들이 공동의 운영주체가 되어 합의에 따라 서비스를 운영히는 탈중앙화된 자율조직(Decentralized Autonomous Organization: DAO)으로 확대되는 것이 웹3가 추구하는 방향이다.

여기서 생각해 볼 것은 '웹2.0(현재의 플랫폼 비즈니스)은 저물어가고 이제 웹3가 미래의 인터넷이 될 것인가?'이다. 이것이 중요한 질문인 이유는 웹, 모바일, 인공지능 등 새로운 기술의 등장과 함께 어떤 기업은 기술을 활용하여 번창하고 어떤 기업은 기술 도입을 주저하다가 현재 어려움을 겪었기 때문이다. 웹3가 모바일처럼 새로운 변화의 기점이 될지는 모르지만 소홀하게 다룰 수 없는 주제이다.

웹3가 새로운 인터넷의 패러다임이라는 옹호자들의 의견과는 다르게 테슬라의 일론 머스크는 웹3가 사기일지도 모른다고 주장했다. 똑똑한 소수의 사람들이 온 힘을 다해야만 가능할 만큼 어려운 플랫폼의 성공을, 다수의 관심없는 대중들에게 코인을 나눠준다고 이뤄지지는 않을 것이라는 주장이다. 웹3의 목적은 이상적이지만 현실은 다르다는 뜻이다. 트위터의 CEO였던 잭 도시도 웹3에 리스크가 있다고 지적했다. 플랫폼을 분산한다고 해서 사용자들이 그 플랫폼을 소유하는 것은 절대 아니며, 실제 그 웹3의 소유자는 투자자들이라는 것이다. 분산화된다고 하면서 실제로는 분산화되지 못할 것이라는 게 그의 주장이다. 실제 웹3를 지지하는 사람들은 현재의 인터넷이 비트코인처럼 되기를 원하지만 베이스트리트(Baystreet) 리서치에 따르면 유통되는 비트코인의 27%를 0.01%에 불과한 비트코인 소유자가 통제하는 것으로 조사되었다. 또한 이더리움 해킹 사건으로 이더리움 재단을 통해 중앙관리자가 강제로 개입, 조치(블록체인의 기본 기능 자체를 수정하는 것)해야 하는 일도 있었다.

웹3에 대한 논쟁은 플랫폼에 관심있는 이들뿐만 아니라 미래를 준비하는 모든 이에게 중요할 것이다. 웹3는 분명 현재 플랫폼 기업의 독점적인 힘을 나누는 좋은 방향을 가지고 있지만 실제 사용자들에게 주는 혜택은 미비하다. 웹3가 플랫폼을 대체하는 새로운 흐름이 되려면 생활을 편리하게 하거나 가격을 싸게 해주거나 시간을 절약하게 해주거나 돈을 벌 수 있게 해주는 등 사람들의 생활에 영향을 주는 새로운 무엇을 창출해야 할 것이다. 그에 따라 미래의 인터넷이 될 수도, 그렇지 않을 수도 있다. 기술 자체는 수단이지 목적이 아니기 때문이다.

인터넷의 발전과 웹3

구분	웹1.0(웹)	웹2.0(모바일)	웹3(메타버스)
콘텐츠 특징	읽기 전용	읽기, 쓰기	소유, 보상
운영방식	개별 컴퓨터로 분산화	클라우드로 중앙화	탈중앙화된 분산 네트워크
운영체제	윈도우	안드로이드, iOS	블록체인, 이더리움
경제시스템	실물경제	인터넷 경제	가상경제
대표 서비스	MSN, 싸이월드, 야후	페이스북, 유튜브, 아마존	더샌드박스, 오픈씨, 메타마스크

24장
기술: 인공지능에서 메타버스까지

IMF 직후 15대 대통령으로 당선된 김대중 전 대통령은 마이크로소프트 빌 게이츠와 소프트뱅크 손정의 회장을 청와대로 초대한다. 경제공황으로 무너진 대한민국을 회생시킬 조언을 구하기 위해서이다.

"한국이 경제위기를 극복하고 새롭게 발돋움하기 위해 가장 집중해야 할 것이 무엇인가요?"

김대중 대통령의 질문에 손정의 회장은 세 가지를 강조했다.

"첫 번째도 브로드밴드, 두 번째도 브로드밴드, 세 번째도 브로드밴드입니다."

손 회장은 한국이 경제위기를 극복하고 재도약의 기회를 만들기 위해서는 반드시 브로드밴드, 즉 초고속인터넷에 집중해야 한다고 조언했다. 함께한 빌 게이츠 역시 이 말에 100% 동의했다. 김대중 대통령은 그들의 조언대로 전국에 대대적인 초고속인터넷망을 설치함으로써 IT인프라 구축에 힘썼다. 덕분에 한국은 광케이블 초고속인터넷 보급률이 78.46%(2018년 기준)에 달하면서, 명실상부한 세계 1위 초고속인터넷 국가가 되었다. 2019년 7월 한국을 다시 찾은 손정의 회장은 문재인 대통령과 만나 한국이 앞으로 집중해야 할 것으로 다시 한번 세 가지를 강조했다.

"첫째도 AI, 둘째도 AI, 셋째도 AI입니다."

인공지능을 향한
움직임

인공지능은 보편화된 용어가 되었고 인공지능이 인간을 넘어서는 기점인 싱귤래리티에 대한 부작용과 논의시점에 대한 미래학자들의 예측도 활발하다. 싱귤래리티가 곧 올 수도 있고, 제법 시간이 걸릴 수도, 또는 아예 오지 않을 수도 있다. 기업에게 중요한 것은 기술이 싱귤래리티를 향해 움직이고 있다는 사실 그 자체이다.

플랫폼 기업은 AI 기술을 가장 잘 활용한다. 테슬라는 인공지능 자율주행 소프트웨어를 유료로 제공한다. 완전자율주행 기능을 탑재한 자동차를 상상해 보자. 이제는 더 이상 자동차 점검을 위해 카센터에 갈 필요 없이 AI 소프트웨어를 원격으로 업데이트할 수 있고, 인공지능이 자율주행을 하는 중에 탑승자는 인공지능이 제공하는 다양한 콘텐츠 서비스를 즐길 수 있다. 또 차량을 사용하지 않을 때에는 소유주의 동의하에 영업용택시(로봇택시)로 활용되어 수익을 안겨줄 수 있는 서비스도 제공하게 된다.

세계 최고 투자은행인 골드만삭스는 이미 2014년 증권 트레이딩에 투자도우미로 AI 켄쇼(Kensho)를 고용했다. AI 켄쇼는 고연봉을 받는 직원 600명이 한 달이나 걸려 처리하던 일을 고작 3시간 20분 만에 처리한 것으로 유명하다. 아마존의 한 고객은 아마존 비디오에서 〈카사블랑카〉를 시청하던 중 비디오 재생이 원활하지 못했다며 사과하는 메일과 2.99달러를 환불받은 사례를 블로그에 공개했다. 아마존의 인공지능은 특정고객에게 비디오 재생에 오류가 생긴 것을 인지하였고 고객이 고객센터로 불만을 접수하기도 전에 사과 메일과 보상방안을 알아서 보낸 것이다. 이 블로거는 고객을 우선한다는 아마존의 서비스에 놀라움을 금치 못했는데 수억 명의 가입자가 있는 기업에서 AI가 아니라면 상상 못할 개인적인 서비스이다.

페이스북의 미래,
메타버스

플랫폼은 인공지능을 활용하는 것을 넘어 증강현실, 가상현실 기술과 함께 메타버스까지 발전한다. 2021년 하반기 페이스북의 창업자 저커버그는 향후 5년 이내 SNS 서비스인 페이스북을 메타버스 기업으로 전환하겠다는 비전을 선언했다. 모바일 인터넷 이후의 새로운 플랫폼으로 메타버스를 선택한 것이다. 사실 메타버스는 페이스북만의 비전은 아니다. 마이크로소프는 홀로렌즈(머리에 쓰는 디스펠레이 장치)를 만들고 있으며, 네이버는 자회사를 통해 글로벌 서비스를 진행중이다. 앞다투어 메타버스 서비스를 미래의 기술발전 방향으로 설정하고 있는 것이다.

그렇다면 SNS만큼이나 흔한 단어가 되어버린 메타버스는 무엇일까? 메타버스를 쉽게 이야기하면 '아바타로 소통하는 사이버 세상'이라고 말할 수 있다. 이는 한국형 SNS인 싸이월드를 생각나게 한다. 싸이월드에서는 이미 미니미(아바타)를 통하여 디지털 세상을 만들었다. 아바타(미니미)의 활동공간은 2D 공간인 미니룸(Mini room)에서 3D 형태의 공간인 미니라이프(Mini life)로 확장을 시도했다. 당시 SNS, 포탈, 게임, 메신저로 분리되어 발전하던 인터넷업계에서는 SNS와 게임(가상세계)이 접목된다는 신선한 시도였다. 마침 2000년도 초반은 미국의 세컨드라이프가 새로운 플랫폼으로 한창 주목받던 시기이기도 했다. 이에 싸이월드는 자회사까지 설립하며 미래를 준비하는 프로젝트로 서비스를 시작했지만 결국은 종료해야만 했다. 당시 미니홈피의 제한된 공간과 끊임없는 가상공간을 연결하는 방식이 사용자들에게 매력적이 않았던 것도 있겠지만, 그보다는 당시 대중적인 PC와 2G 통신망에서는 SNS와 언리얼 엔진(Unreal Engine)을 활용한 3D 가상세계를 한꺼번에 보여주기에는 한계가 있었기 때문이다.

2021년 말 메타로 사명을 바꾼 페이스북은 '커넥트 2021' 행사에서 메타버스의 미래에 대해 설명했다. 우선 메타버스는 사무실 환경을 새롭게 한다. 예컨대 재택근무 중 진짜 사무실로 출근한 동료를 홀로그램으로 집에 불러서 프로젝트 과제를 최종 점검하거나 가상회의에서 자료를 띄워놓고 다양하게 일을 할 수 있다. 교육도 메타버스가 크게 변화시킬 분야이다. 미래의 학생들은 늦은 밤 증강현실(AR) 글래스를 쓰고 우주 천체들에 대해서 공부할 수 있다. 지금까지 학교에서 책으로 보던 지식이 아니라 '오감체험'을 통해 학급하는 것이다. 또한 소상공인과 창작자에게 완전히 새로운 메타버스 마켓플레이스를 제공해 패션디자이너, 아티스트, 사진작가 등 전 세계 다양한 창작자들이 디지털 아이템을 만들고 판매할 수 있다. 창작자가 메타버스 상점에서 아바타 고객들을 대상으로 이벤트도 열 수 있고, 대체불가능 토큰(NFT) 기술과 결합해 경제활동도 가능하다. 〈포브스(Forbes)〉에 따르면 2023년까지 전 세계 인구의 2%가 가상현실 기기를 사용할 것이라고 한다. 이전에 잠깐 시도했다가 없어졌던 유행과는 다르게 지금은 새로운 흐름이 만들어지고 있다. 현재 제페토 스튜디오에서 아바타, 가상공간을 개발할 수 있도록 아이템이 거래되고, 메타버스 플랫폼 로블록스(Roblox)에서는 유튜브 크리에이터처럼 '로블록스 게임 전문 개발자'라는 직업이 생겨나는 것이 대표적이라 할 수 있다.

핵심은 우리기 익히 들어 알고 있는 기술들은 서로 융합되어 이전에 불가능하던 영역까지 플랫폼의 적용범위를 넓히며 새로운 경제시스템을 만들고 있다는 것이다. 사용자들은 이제 PC나 모바일을 통해서만 플랫폼에 접속하는 것이 아니라 구글 글라스 같은 안경, 오큘러스 같은 헤드셋을 통해 플랫폼에 접근하게 된다. 그 적용분야도 게임에만 머물지 않고 관심분야의 사람을 만나는 사교활동, 피트니스, 회사업무, 콘텐츠, 커머스 등 다양한 분야로 확장된다.

변화하는 세상에서는 인공지능이나 메타버스 같은 핵심적인 기술을 확보하는 일이 필요하다. 그러나 이 기술들을 익혔다는 것만으로 다가오는 미래에 대한 준비가 끝나는 것은 아니다. 마치 모바일 기술을 익혔다고 모바일 시대를 선도하는 것은 아닌 것처럼 말이다. 결국 새로운 기술을 확보하는 것과 더불어 그것이 활용되는 플랫폼의 속성을 이해하고 성장패턴을 알아야 기술이 그 진가를 발휘함을 잊지 말아야 한다.

메타버스 기술로 우주 천체를 학습하는 할머니와 손자

출처 : 페이스북 커넥트 2021 행사

CIA가 고객인 회사, 팔란티어

팔란티어는 데이터를 활용하는 소프트웨어를 통해 기업이 적합한 의사결정을 할 수 있도록 도와주는 회사이다. CIA나 FBI를 고객으로 확보한 것으로 알려지면서 대체 무엇을 하는 회사인지 대중들의 관심도 높아졌다. 아마존 같은 유통 플랫폼은 고객의 구매를 분석하지만 팔란티어는 그보다 비밀스러운 내용을 분석하여 제공한다.

데이터 마이닝 제국, 팔란티어

과연 팔란티어가 하는 일은 미래의 인류에게 필요한 일인가? 이런 질문을 하는 이유는 팔란티어의 기술들이 사회의 이슈들과 연관되어 있기 때문이다. 팔란티어는 대용량의 데이터를 통합할 수 있는 소프트웨어를 제공한다. 이미지부터 파일을 수집하여 데이터 플랫폼화을 제공하는 것을 미션으로 삼고 있다. 그 플랫폼에서 데이터는 보안이 강화된 형태로 목적에 맞게 분석되고 해석한다. CEO인 알렉스 카프(Alex Karp)에 의하면 회사의 핵심 임무는 서양국가, 특히 미국을 세계에서 가장 강한 나라로 만드는 것이다. '전 세계의 평화와 번영을 위해서 일한다'라고 CNBC와의 인터뷰를 통해서 밝히기도 했다. 최근 팔란티어는 고객을 정부에서 일반 기업으로 확장하고 있다. 에어버스, 크라이슬러, BP(British Petroleum, 영국 최대 석유회사) 같은 기업이 고객이 되었고, 현재는 회사 매출의 50%를 일반 기업이 만들어주고 있다.

CIA는 팔란티어의 가장 초기 투자자 중 하나이다. 사실 몇 년 동안 CIA가 유일한 고객이었다. 그리고 이후에는 FBI, NSA와 같은 미국의 국가기관들이 팔란티어를 이용하게 되었다. 팔란티어가 가지고 있는 기술력을 사용해서 테러리스트나 반란군, 혹은 마약 밀수꾼을 색출하고 잡아내고 있다. 팔란티어는 아프가니스탄과 이라크의 2가지를 예로 들어 그들의 기술력을 설명한다. 미군이 반란군의 네트워크나 폭발물을 제거하는 데 위치를 제공한다. 이때 팔란티어의 소프트웨어는 오사마 빈 라덴을 찾아내는 데 도움을 준 것으로 유명해졌다. 공식적으로 발표된 내용은 아니지만 팔란티어도 이를 부인하지 않았다. 또한 달라이 라마의 컴퓨터에 침투했던 중국의 스파이웨어를 찾아내 제거하기도 했다. 이러한 이유로 전 세계 40여 개국이 이들의 고객이 되었다.

국가의 문제를 데이터를 통해 해결

팔란티어는 기업이 직면할 수 있는 모든 문제를 데이터를 통해 이해할 수 있도록 해준다. 코로나19 상황에서도 팔란티어는 여러 개의 새로운 파트너 계약을 했다. 재향군인회, 국립 보건원, 영국의 NHS와 질병관리본부가 새로운 파트너가 되었다. 바이러스를 추적하고 확산을 방지하는 것이 주된 목적이다. 어디서 바이러스가 확산되는지 어디를 우선적으로 차단해야 하는지 데이터를 기반으로 판단하는 역할을 하게 된 것이다. 팔란티어와 다르게 구글 같은 기업들은 국방부·정부와의 계약을 철회하는 경우도 있다. 데이터를 개인의 정보 침해에 사용한다는 이유에서이다. 하지만, 팔란티어는 이러한 기업들의 움직임은 기업의 책임을 포기하는 것이라고 여긴다. 팔란티어는 애국적인 기업인 반면 구글은 반애국적인 기업이라는 것이다. 지금까지 실리콘밸리의 기업들은 기업과 사회를 혁신하며 사업을 성장시켰지만 이제는 국가를 위한 사업에도 참여해야 한다는 것이 CEO의 설명이다.

데이터 플랫폼화

지금까지 팔란티어는 정부기관이나 전통 기업이 사용할 수 있는 맞춤형 소프트웨어를 개발하는 데 많은 투자를 해왔다. 정부가 팔란티어를 활용하기 위해서는 막대한 돈이 필요한데, 단순히 소프트웨어를 사용하는 것으로 끝나는 것이 아니라 데이터를 맞춤형으로 조합하고 그것을 해석하는 일까지 포함하기 때문이다. 그렇기 때문에 팔란티어는 손이 많이가는 데이터 마이닝과 맞춤형 고객을 위한 과정을 자동화하는 중이다. 이러한 과정을 자동화하면 그 비용이 대폭 낮아질 수 있다. 이는 다수의 일반 기업들이 팔란티어 서비스를 사용할 수 있도록 해주는 기반이 된다.

이를 위해서 팔란티어는 자사의 플랫폼을 세 가지로 나누었다. 하나는 기존에 하던 대로 주력 플랫폼인 정부기관용 고담(Gotham) 플랫폼이고, 다른 2가지는 일반 기업을 위한 파운드리(Foundry) 플랫폼, 기존 서비스를 클라우드화 시키고 있는 아폴로(Apollo) 클라우드이다.

Plantier PRODUCT

– Gotham

– Foundry

– Apollo

팔란티어는 중요하지만 은밀한 데이터를 활용하는 기업이다. 정부나 기업의 결정적인 문제를 해결해 주기도 하지만 기술이 활용되는 윤리적인 문제에도 직면한다. 그럼에도 불구하고 그간의 분석 방법론을 확장하여 일반기업이 활용할 수 있도록 알고리즘을 개발하고 오픈 정책을 펼치는 등 데이터 플랫폼 기업으로 성장하는 중이다. 팔란티어 CEO 알렉스 카프는 2025년까지 매년 30% 또는 그 이상의 매출성장을 보여 줄 것이라고 전망했다. 향후 10년 미래의 기업이 어떻게 성장 하는지 팔란티어를 보며 알게 될 것이다.

25장
생각: 기하급수적으로 생각하라

애플

'Think Different'

애플은 1997년 로스앤젤레스 광고판에 'Think Different'라는 광고를 실었지만 문법적으로 잘못되었다는 비판을 받았다. 애플은 곧바로 'Think Different'는 'Think something different'의 줄임말이라고 해명했다. '다르게 생각하라'가 아니라 '다른 것을 생각하라'라는 뜻이다. 애플은 다른 것을 생각한 결과로 지난 20여 년간 맥북, 아이팟, 아이폰, 아이패드 등의 제품을 출시하며 인류를 새롭고 놀라운 경험으로 이끌었다. 제품이 나올 때마다 매니아들은 새벽부터 매장 앞에서

줄을 서고 출시 발표에 열광했다. 그렇다면 세계 1등 플랫폼 기업 애플은 지금 어떤 다른 것을 생각하고 있을까?

애플은 '다른 것'을 '기하급수 세상'으로 정하고, 기하급수적 생각을 비즈니스에 적용한 플랫폼 기업으로 변신했다. 플랫폼 기업은 인공지능을 가장 잘 활용하고 있으며 그 성과로 기하급수적 성장을 증명하는 중이다. 2021년 실적자료에 의하면 애플은 모든 사업영역에서 사상 최고치를 기록했다. 아이폰, 맥북 같은 제품과 함께 아이튠즈, 애플TV, 애플뮤직, 애플뉴스+, 애플 아케이드 등 서비스 디지털 콘텐츠로 사업을 확장함과 동시에 2025년 이후에는 '애플카' 출시를 준비 중이기도 하다. 새로운 동영상 사업, 자동차 사업을 통해 어떻게 기존 경쟁자를 대항하겠냐는 궁금증이 생길지도 모르지만 10억 명의 사용자 접점을 가지고 있는 애플이 신규 서비스나 제품을 출시하는 것은 기존 플랫폼과 연결된 기하급수적 성장 전략으로 보아야 한다. 동영상 서비스나 자동차는 새로운 사용자를 확보하는 것뿐만 아니라 기존 사용자들에게 멤버십 서비스를 제공하며 단기간에 고성장을 할 수 있기 때문이다. 한 예로, 애플TV+는 2019년 오픈한 후 애플원(Apple One) 멤버십 서비스에 애플TV+를 포함시키는 방법으로 1년 만에 1억 명을 넘어서는 가입자를 유치했다. 넷플릭스가 1997년 설립 후 2017년 유료가입자 1억 명을 돌파하기까지 무려 20년

이 걸렸음을 생각해 보면 기간과 가입자 수만 비교할 때 일반적인 기업의 마케팅 활동에서는 상상하기 어려운 기하급수적 성장의 결과이다.

기하급수적
생각이란

"어떻게 이런 일이 일어날 수가 있지?"라고 질문할 때 기초하는 생각은 '순차적'인 생각이다. 플랫폼 시대에는 경쟁자가 20년간 달성한 회원수를 1년 만에 달성하는 '기하급수적'인 일이 일어난다. 사실 순차적인 생각이 우리에게는 익숙하다.

기하급수 시대의 예상과 실제

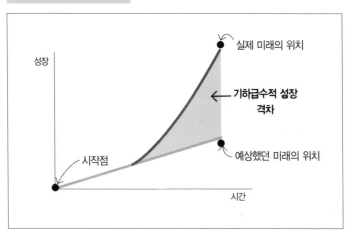

출처 : singularityhub.com

그렇기 때문에 미래를 예측할 때마다 어려움을 겪는 것이고 이것이 인공지능 같은 기술의 발전과정에서 우리가 놀라는 이유이다. 기하급수적인 생각을 하고 실천하는 사람들은 시간이 지남에 따라 예상했던 성장의 지점보다 훨씬 높은 위치에 있게 된다. 즉, 그림 〈기하급수 시대의 예상과 실제〉와 같은 상황 속에 있게 된다.

지금까지 플랫폼 기업을 공부하며 확인했던 기하급수적 생각의 방식이 여전히 익숙하지 않을 수도 있다. 그렇다면 플랫폼 기업의 성장패턴을 적용하기 전에 기하급수적으로 생각하기의 기초를 한번 더 점검해야 한다. 우리의 본성은 기하급수적인 생각에 익숙하지 않기 때문이다.

기하급수적인 생각을 다시 한번 생각해 보자. 기하급수 성장은 1, 2, 3처럼 순차적인 것이 아니다. 1, 2, 4, 8처럼 상수의 곱셈으로 증가한다. 이를 좀더 현실적으로 체감하기 위해 길이 1미터의 보폭으로 걸어간다고 상상해 보자. 6걸음 걸으면 6미터(1, 2, 3, 4, 5, 6)가 된다. 여기서 24걸음을 더 걸으면 30미터까지 가게 된다. 걸음걸이에 따른 예상거리를 쉽게 예측할 수 있다. 순차적 성장의 계산방법이다. 그러나 인간이 가지고 있는 신체구조의 한계를 고려하지 않고 6걸음이 실제로 배수(1, 2, 4, 16, 32)로 진행되었다면 이는 다른 결과가 나타난다. 놀랍게도 30까지 보폭을 걸을 때 매 걸음마다 두 배씩 다리를

순차적 걸음과 기하급수적 걸음 비교

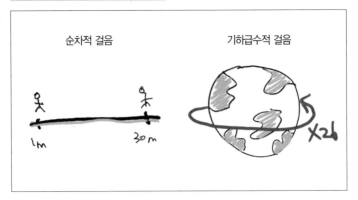

순차적 걸음　　　　　　　　　기하급수적 걸음

1m　　　　　30m

X26

출처 : singularityhub.com

늘리면 시작한 곳에서 10억 미터, 즉 지구를 26바퀴 도는 거
리와 같게 된다.

주도할 것인가
끌려갈 것인가

이렇듯 기하급수 성장은 폭발적이다. 처음에는 1이 2로, 2가
4로 발전하지만 단계가 커지면 달라진다.

　　　1-2
　　　2-4
　　　4-8

8-16

16-32

32-64

64-128

128-256

256-512

512-1024

1024-2048

……

차이는 성장단계의 마지막으로 갈수록 점점 더 커진다. 초기 단계에는 너무 미비하여 이것이 산술급수적 성장인지 기하급수적 성장인지 놓치기 쉽지만 마지막 단계로 갈수록 성장은 폭발적이게 된다. 인간의 두뇌로 이러한 성장방식을 예측하기는 어려운 일이지만 컴퓨터는 '어떻게 이런 일이 일어나지?'라는 말은 하지 않는다. 그냥 법칙대로 진행한다. 인공지능을 활용하는 플랫폼 기업이 성장의 임계점을 지나 폭발적으로 성장하게 되는 이유이다.

미래를 준비하는 기업에게 기하급수적으로 움직이는 세상은 희망이다. 기하급수적 생각이 그 미래에 더 빠르게 도달하게 해줄 것이기 때문이다. 기하급수적인 생각은 '어떻게 이런 성장이 일어날 수 있지?'라고 질문하는 대신 '어떻게 이런 성장이 일어나도록 할 수 있지?'라고 질문하도록 해준다. 이제 우리는 결정의 기로에 서 있다. 플랫폼이 지배하는 세상에서 주도할 것인가, 아니면 그간의 방식을 고수하면서 힘겹게 끌려갈 것인가를!

플랫폼 시대, 생존이 걸린 성장법

이 책에서 이야기하는 성장패턴을 확인하는 방법은 인터넷이 지속적으로 발전하는 모습을 보는 것이다. 필자가 싸이월드에 입사한 2000년대는 웹시대가 한참 열리는 중이었으며 또한 닷컴버블이 붕괴하며 어려움을 겪는 시대이기도 했다. 당시에도 찾고 싶었던 것은 웹시대에 맞는 성장방법이었다. 당시 시대의 변화를 온몸으로 맞으며 성장한 사람들은 그에 해당하는 보상을 받았다. 그리고 이후 모바일 시대를 넘어 인공지능, 메타버스 같은 거대한 시대변화 속에서도 성장패턴을 찾기 위해 힘을 쏟고 있다. 변화 속에서 성장한다는 것은 시대를 살아간다는 것 이상이다. 그것은 기업과 개인에게 모두 생존이 걸린 문제인 것이다. 따라서 변화의 흐름과 그 '성장 패턴'을 알아야 기업과 가족의 경제적 안정을 지킬 수 있다. 이러한 의미로 글을 마무리하는 시점에서 다음의 3가지를 한 번 더 강조하고자 한다.

첫째, 낙담의 골짜기를 견뎌야 한다. 0도에서 얼음이 녹듯이 영하에서 온도가 서서히 오를 때는 아무 변화가 없지만 변화의 순간은 그간의 힘을 축적해 한순간에 일어난다. 플랫폼 기업의 성장 역시 중요한 임계점에 도달하기 전까지는 성과가 나지 않는다. 오히려 처음에는 디지털 이전, 플랫폼 이전의 방식이 더 좋은 성과를 내기도 한다. 많은 기업이 플랫폼을 시작하지만 진정한 플랫폼 기업으로 변신하지 못하는 것은 이 때문이다. 당장 눈에 보이는 결과가 없으니 그만둔다. 그러나 플랫폼 시대에 적합한 미래 사업을 하고 싶다면 성과가 나지 않는 잠복기를 돌파할 때까지 견뎌야 한다. 많은 기업이 이 골짜기를 견디지 못해 제자리로 돌아가고 소수의 기업이 골짜기를 건너 그 결과를 만끽한다.

둘째, 골짜기를 건너서 성장패턴이 작동하기 시작했다면 망치지 않도록 해야 한다. 오랫동안 아무런 변화가 없다가 축척된 힘이 발휘되어 성장이 눈에 보이면 조직은 흥분하고 여러 사람들의 간섭이 시작된다. 관심 없던 부서가 관여를 하고 고위급 임원들이 한마디씩 조언을 해준다. 하지만 이런 조언과 간섭은 오랫동안 지켜왔던 원칙과 방식을 발전시키는 것이어야 한다. 여러 힘있는 관리자들과 임원들의 지시사항을 조합하다 보면 기업은 이전보다 더 많은 시간과 인력으로 일하지만 오히려 서서히 망치는 플랫폼을 만들고 있을 수도 있다. 성장이 시작됐다면 낙담의 골짜기를 돌파해낸 원칙과 방식이 점차적으로 발전하는가 아니면 쇠퇴하는가를 면밀히 살펴 점검을 해야 한다.

마지막으로, 참여자들이 성공하도록 해야 한다. 플랫폼은 참여자, 즉 공급자와 소비자의 관계 속에서 탄생한다. 플랫폼은 한번 성장 사이클을 타면 참여자들이 다소 불만스럽더라도 이익이 증가되면서 성장을 계속한다. 하지만 결국 참여자들이 원하는 목적을 달성하지 못하게 되면 지속적인 성장은 어렵다. 플랫폼의 본질적인 속성은 참여하는 기업, 개인, 소상공인 그리고 정부와 비영리단체를 통한 성장이기 때문이다. 이는 플랫폼을 운영하는 기업뿐 아니라 플랫폼을 최대한 이용하여 성장하려는 기업, 플랫폼을 이용하여 성장한 후 개별 사이트로 독립하려는 개인과 기업에게 모두 해당된다.

이 책을 통해 더 많은 기업가들이 성공하고 새로운 도약을 하기를 바란다. 새로운 시도는 늘 불완전한 자신과 직면하는 용기가 필요한 일이다. 그러나 그것을 통해 비판받고 성장할 수 있다면 충분히 용기내 볼 만하다. 이 또한 플랫폼 시대에

움츠러들지 않고 당당하게 맞서는 방식일 것이다.

이 책을 가능하게 한 분들에게 감사를 드리고 싶다. 먼저 지난 시간 함께 한 동료들에게 감사한다. 싸이월드, SK커뮤니케이션즈, 네오위즈, CJ, 아프리카TV, 롯데에서 같이 일했던 대표님들과 동료들이 내게 얼마나 큰 배려를 해주었고, 불확실한 의견에 지지를 보내주었는지 다시금 깨닫게 되었다. 출판사 굿인포메이션 정혜옥 대표님, 연유나 편집장님, 엔터스코리아 양원근 대표님과 김효선 팀장님께 감사의 인사를 전한다. 시지온의 김미균, 김범진 공동대표 역시 10년간 소셜 기업을 경영하면서 겪게 되는 문제를 나누고 해결방안을 같이 고민하는 기회를 주어 감사하다. 책쓰기를 시작하는 순간부터 출간의 목적에 대해 스스로 자문하도록 도와주었던 아내와 책의 제목과 표지부터 내용에 적극적으로 의견을 주었던 아리, 테슬라와 애플이 멋진 이유를 들려주었던 정진이에게 고마움을 전한다. 마지막으로 나의 참부모이신 하나님께 감사하다. '나의 발에 등이요 내 길에 빛'이 되시는 하나님이 이 출판의 과정도 이끌어주셨다.

플랫폼 성장패턴에 올라타라

초판 1쇄 펴낸날 2022년 3월 31일 ‖ 초판 2쇄 펴낸날 2022년 4월 30일 ‖ 지은이 신병휘
펴낸곳 굿인포메이션 ‖ 펴낸이 정혜옥 ‖ 편집 연유나, 이은정 ‖ 영업 최문섭
출판등록 1999년 9월 1일 제1-2411호 ‖ 기획 (주)엔터스코리아 책쓰기브랜딩스쿨
사무실 04779 서울시 성동구 뚝섬로 1나길 5(헤이그라운드) 7층
사서함 06779 서울시 서초구 동산로 1 서울 서초우체국 5호
전화 02)929-8153 ‖ 팩스 02)929-8164 ‖ E-mail goodinfozuzu@hanmail.net
ISBN 97911-91995-08-4 03320

■ 잘못된 책은 본사나 구입하신 서점에서 바꾸어 드립니다.

굿인포메이션(스쿨존, 스쿨존에듀)은 작가들의 투고를 기다립니다.
책 출간에 대한 문의는 이메일 goodinfozuzu@hanmail.net으로 보내주세요.